“悪の論理”で世界は動く！

地政学——日本属国化を狙う中国、捨てる米国

Geopolitics

地政学者
奥山真司
Masashi Okuyama

李白社

はじめに

二〇〇九年一月、わが国は「日米同盟五〇周年」を迎えた。

この間、日本の国防について日本人はすべてアメリカの戦略のもと、何も考えずにつき従えばよかった。むろん、現在もその状況は変わらない。

しかし、一九八九年一二月、マルタ会談によりロシアのゴルバチョフとアメリカのジョージ・H・Wブッシュの宣言により、長きにわたった冷戦時代は終結を迎えた。それから二〇年あまり、日本とアメリカの関係にさほど変化はないが、アメリカの軍事における東アジアのプレゼンスは確実に低下している。

とはいえ、東アジアにはアメリカにとって脅威として変わらない共産主義国が存在している。中国と北朝鮮である。

とくに中国は現在、経済大国としてのし上がろうとしている。軍事的には、中国は太平洋を目指しており、原子力空母の建艦など、わが国をおびやかす存在となっている。

日本は戦後、国防ということについて議論をしてこなかった。いや、議論を許されなかった国と言っていい。公式には軍隊を持たない日本にとって理由は多々あるが、一つに日本が外交戦略を正面から真剣に考えてこなかったことにある。

つまり、冒頭に述べた日米同盟のもと、国民は外交について自ら考えてこなかったのである。これをアメリカによって骨抜きにされた結果だと声高に唱える人もいるが、私はそうした考えに賛同しない。

自国のことは自国で考えなければならない。

そこで現在、私がイギリスで研究している「地政学（Geopolitics）」というものがある。

この学問は戦前の日本でも研究されてきたが、敗戦後、封印されてしまった。なぜならば、当時の地政学は軍事戦略の学問として、戦争のための道具として使われていたからである。それゆえに、地政学の専門家と呼ばれる人は日本にはほとんどいない。

私は海外に留学して、日本人に決定的に欠けているものを発見した。それは「日本は世界でどうありたいのか」という、国家のアイデンティティである。そして、このアイデンティティを見いだすヒントが、地政学に隠されている。

では、その地政学とは何なのか。

この本では、地政学の入門を解説しながら、まさに日本にとってのアイデンティティを探っていこうと考えている。

ただ最近になって、地政学という言葉がよく聞かれるようになった。それは、地政学が軍事戦略を超えて、外交戦略、国際戦略を考えるうえで世界の常識となってきたからである。


そう、知らないのは日本だけなのである。


世界はこの地政学という常識を前提にして動いている。アメリカの力が弱まり、中国が台頭してきたいま、両国に挟まれたわが国は、国防のうえでも国益のうえでも岐路に立たされている。

だからこそ、世界が身につけている地政学というものを再び学ぶ必要がある。世界が何を考え、どんな戦略を打ってくるか、地政学を知れば彼らの考えていることが手に取るようにわかる。

相手を知り、わが身を知ることこそ、日本に求められる火急の課題なのである。

しかし残念なことに、地政学上、日本が選択すべき道はたった三つしか残されていない。

・日米同盟の維持
・中国による属国化
・日本の独立

あなたはどの道を選ぶだろうか。これから説明する地政学を知っていただいたうえで、お考えいただきたい。

〝悪の論理〞で世界は動く！◆目次

はじめに……1

第1章　世界は〝悪の論理〟で動いている

日本だけが知らない〝悪の論理〟　12
戦後六五年、日本は独立国家ではなかった　17
国際社会で「世界平和」は通用しない　20
リアリストたちが意味する本当のグローバル化　25
〝悪の論理〟は倫理とは別のところにある　29
国際政治を平和主義から学ぶ日本の非常識　33
私が地政学にのめり込んでいった理由　38

第2章　日本の国益は技術だけで守れるのか

世界は「戦略の七階層」で国益を考えている　46
「世界観」の足りない日本のリーダーたち　50
「世界観」なき日本は、このままでは滅びる　54

領土さえ奪われたままの日本 59
「世界観」なき日本の技術 65
「世界観」を主張するのが苦手な国民性 70
技術は持つものではなく使うもの 72
革新的な技術発明が苦手な日本人 76
日本はアメリカや中国の「下請け」となる 78

第3章 世界の常識「地政学」とは何か

「自国を守る」という当たり前の発想から「地政学」は生まれた 84
世界の覇権は「海《シー》」VS.「陸《ランド》」の興亡の歴史である 88
「海」VS.「陸」の時代は交互に繰り返される 95
アメリカで国家の戦略体系として完成した地政学 99
「いかに他国をコントロールするか」が地政学の目的 102
人が「地理」と言って思い浮かべる三つの要素 107
地理的概念を変えてしまった北極海の氷解 113

第4章　日本の属国化を狙う中国

中国の最終目的は、唐の時代の領土回復である　120
シーパワーの世界に進出し始めた中国　124
沖縄をコントロール下に敷こうとする中国の狙い　128
中国一三億人の国益は陸よりも海にある　131
すでに中国に領海を侵されている日本　134
知らぬ間に社会に入り込むという中国の手口　138
中国と手を組んでしまった〝売国政府〟　141
日本が中国の〝属国〟となる日　144

第5章　日本を捨てるアメリカ

アメリカが日本を中国に売り飛ばす日　150
ユーラシア大陸を囲むアメリカの戦略　155
アメリカの最重要地域である中東戦略　159

なぜアメリカの湾岸戦争は失敗に終わったのか　164
アメリカが中国とパートナーシップを組み始めた　169
北朝鮮問題を中国に任せたアメリカ　174
ヨーロッパはすでにアメリカが掌握している　179
中国に対抗できなくなったアメリカの権威　183
「アメリカ・日本」VS.「中国」のシーパワーとランドパワーの闘い　187

第6章　属国か独立か、日本が迫られる選択肢

日本に残された三つの選択肢　192
アメリカの働きアリとなって共倒れするか　196
中国の属国となれば、日本は再び陽の目を見ることはない　198
独立という、最後の選択肢　200
独立を目指すための最大の課題は政治力　203
外交戦略で必要なのは「余裕」と「ずる賢さ」　205
独立するならインド、北欧と同盟せよ　207

核廃絶はアメリカではなく日本がリードせよ　210
日本が真の独立を果たす日　215
おわりに………218

〈編集協力〉太田さとし
〈イラスト〉川野郁代

第1章

世界は〝悪の論理〟で動いている

日本だけが知らない〝悪の論理〟

中国の躍進とアメリカの衰退――。

いま、世界はこの二つの国の興亡によって大転換期を迎えている。そんな中、両国に挟まれるわが国、日本にはどのような影響があるのだろうか。

中国とアメリカの戦略がぶつかった結果、太平洋の半分は中国が支配し、日本は強力な海軍力を得た中国の覇権の拡大によって、その版図にのみ込まれる――。

ひと言で言えば、こんな世界像が二〇年後の未来に待っている。

もちろん、単なる可能性の話にすぎないが、日本人自身がいまのまま手をこまねいていれば現実となる。このことは追い追い述べていくが、現在、中国もアメリカも、すでにその方向に向かっている。この事実に鈍感なのは日本、そして日本人だけである。

世界は私たちが考えているより、ずっと狡猾《こうかつ》で利己的な野心が支配する戦場である。どの国も過酷なサバイバルの戦いのただなかにあって、熾烈《しれつ》な競争を繰り広げている。のほほんとしていれば、あっという間に捕食されてしまうのが世界の常識なのである。

いままで日本がわが世の春を謳歌《おうか》できたのは、海洋に浮かんだ島国であるという地の利に助けられていた面が非常に大きい。加えて、超大国アメリカの後ろ盾があったこと、そして中国が国内的な事情のために海洋に出ていくほどの力を持てなかったというだけにすぎない。

その重しが外れたいま、それぞれの国が自国にとって都合のよい方向に向かっていこうとする、本来の生き残りを模索しようとするエネルギーが解放され始めたと言える。

なぜこのようなことが言えるのか。その答えは「地政学」というものにある。

地政学とは一般的に、「国家の対外政策を、主に地理的概念や地理的条件から説明しようとする学問」だと考えられている。これはこれで間違いではないが、地政学というものを矮小化《わいしょうか》してとらえてしまっている。

私は、地政学とはもっと実用的な戦略理論であり、同時に、根源的な概念論でもあると考えている。一見すると相反する要素を備えているのは、地政学そのものの複雑さや奥深さにあると言ってよい。

本来の地政学とは、地理的状況における国家の行動原理を理論化したものであり、これによって、その国家が本質的に求めている方向を予測するツールになるという側面を持つ。

そしてもしこれが本当なら、地政学にしたがって国家戦略が行われた場合には「無理や齟齬《そご》が生じにくいもっとも自然な形で理にかなった発展が可能になる」と言えるのではないか。

このことに気がついたのが普仏戦争（一八七〇～七一年）のころのドイツであり、それまで概念的に存在した地理学の知識を体系化することに成功した。その後、ドイツ帝国の誕生によって地理学の知識が連合国側の知るところとなり、その存在が一気に脚光を浴び、それぞれの国家における戦略の基礎としてさらなる研究が繰り返された。

ところが同時に、この地理の知識を本格的にまとめて理論化したのがイギリスである。これが第二次大戦前にドイツに逆輸入されてねじ曲げられてしまい、ナチス・ドイツの発展によって一時は廃れたが、その後はアメリカにわたって細々と研究された結果、いまや近代国家の戦略体系になっていると言っても過言ではなくなっている。

中国も、アメリカも、当然のように地政学の観点をもとにして国家戦略を運営している。少なくとも、両国におけるこれまでの政治的な動きは、地政学による戦略理論によってかなりの部分を説明できてしまう。

つまり、このままいけば、中国は戦略理論にのっとって着々と目的を達成する。

その目的とは、太平洋の西半分を勢力圏として制覇することである。二〇〇七年五月、アメリカ太平洋軍（司令部ホノルル）のキーティング司令官（海軍大将）が中国を訪問した際、会談した中国海軍幹部から、ハワイを基点として米中が太平洋の東西を「分割管理」する構想を提案された。

中国の海軍幹部は、「われわれ（中国）が航空母艦を保有した場合」として、ハワイ以東をアメリカが、ハワイ以西を中国が管理することで「合意を図れないか」と打診している。

この中国軍幹部による太平洋の東西分割提案は、二〇〇八年八月に米紙『ワシントン・タイムズ』が米軍関係者の話として報じたものである。キーティング司令官は、中国のこの戦略構想について、「中国は影響が及ぶ範囲の拡大を欲している」として警戒感を示した。

アメリカ側は中国の提案を拒絶したとしているが、同紙は情報機関を含むアメリカ政府の親中派内でこの提案に前向きな姿勢を示す向きもあったと報道している。

この中国の戦略構想の中には日本がすっぽり入る。中国はその際、日本に対抗されて太平洋の覇権を邪魔されては困るので、その前に日本を弱体化させ、思いのまま統制（コントロール）できるように管理下に置こうとする。これは、地政学的に言えば、イロハの「イ」の字とも言える至極当然の手法であり、私の見るところ、中国は地政学の理論通りに段取りを着々と進めている。

これに対して日本は、地政学的な理論をほとんど知らない。地政学とは、単なる「国際政治と地理の関係を説明する学問」程度に思われている。戦略にのっとって着々と歩を進める中国と、常に対応が後手後手にまわる日本では、もう最初から結果が見えていると言っていい。

実は、日本でも戦前までは地政学を研究して国家戦略に応用していた。戦前の日本の躍進はその成果の表れである。しかし、戦後、日本の台頭を抑えるために、GHQによって地政学の研究が禁止されてしまった。このため、国家戦略に決定的に必要となる知識を日本は失ってしまった。

それでも戦後は、アメリカの国家戦略に相乗りする形でうまく成長することができた。しかし、いざアメリカの庇護《ひご》から外れようとしている中で、日本は自らの戦略を持ち得ないことに気付いて、国家の運営に方向性が見いだせないでいる。

いまこそ私たちは、戦略を持たなければならない。日本以外の国は、すでに自らの生存をかけて必死の国家戦略で挑んできている。世界はまさに混沌《こんとん》としたサバイバルの時代に突入しているのである。

地政学とは、国家間の戦略をむき出しにした〝悪の論理〟である。この論理を知らずして、日本は世界と対等にわたり歩いていけるはずがない。世界はいま、この〝悪の論理〟で動いている。

戦後六五年、日本は独立国家ではなかった

戦後六五年というもの、日本はアメリカの地政学的な戦略の道具としてうまく使われていた。戦争はとっくに終わり、いまや歴《れっき》とした同盟国であるにもかかわらず、アメリカの無理難題をわれわれは唯々諾々と受け入れてきた。

そんなアメリカは、日本をどのように思っているのか。それをよく物語るエピソードがある。

麻生太郎前首相が在籍していたことでも知られる日本青年会議所の現在（二〇〇九

年度）の会長が、以前、キッシンジャー元米国務長官と会談する機会があった。

沖縄出身である彼は、日米問題についての思い入れがことのほか強かった。そこで、会談の機会を与えられたのを幸い、ここぞとばかりに積年の思いを込めて、こう切り出した。

「日本は歴とした独立国であり、日米は同盟国である。にもかかわらず、現在は独立国、同盟国として扱われていない」

すると、キッシンジャーはこともなげにこう切り返した。

「何を言っているんです。あなた方は一度負けたんですよ。お忘れですか」

キッシンジャーの発言からもわかるように、アメリカは日本を対等な同盟国として認め、共に発展の道を進もうとする意思を持ってはいない。もちろん、アメリカに関係のないところで日本がどうしようと勝手だし、経済発展するのもおおいにけっこうなことで、アメリカの発展を邪魔しない限り文句は言わない。ただ、「安保条約で守ってやる代わりに、アメリカの手駒としてせいぜい利用させてもらう」というのが、アメリカの考える日米関係の底にある本音と言っていい。

そうであれば、逆に日本もアメリカをせいぜい利用すればいいのだが、独自の戦略を持っていないために、アメリカの戦略に相乗りするしかなく、いつも彼らの都合のいいように利用されてしまうという流れになってしまう。

それでも、自由と民主主義を掲げるアメリカは、日本政府や国民に一定の配慮をしてくれる。子分は子分として分をわきまえてさえいれば日本を仲間と認め、外敵から守ってくれる。戦後、日本がここまで経済成長できたのは間違いなくアメリカのおかげである。そういう意味で「非常にものわかりのいい親分」とも言える。

これに比べて中国は、人権意識が低いうえに、日本には過去に祖国を蹂躙《じゅうりん》された恨みがある。それだけに、いったん優位に立ったら嵩《かさ》にかかってやり込めてくることは容易に想像できる。

最悪の場合、いまのロシアとグルジアのような元ソ連に属する新興国のような関係になる可能性が高い。ロシアは新興国の国内を反ロシア派と親ロシア派で対立させ、けっして完全に独立させず、常に自分たちのコントロール下に置こうとしている。

中国も日本に対して、経済的、文化的に進出して、国内に親中派閥を広げていこうとするだろう。

かつて日本がやった思想統制を、今度は中国にやり返される。第二外国語は当然中国語になる。日本の若者が中国へ留学し、中華思想をたたき込まれて帰ってくる。メディアをコントロールして思想を抑え込むようなことは、彼らの伝統的な戦略のやり方から考えれば至極当然のことである。

卑近な例で言えば、二〇〇九年四月五日に放映されたNHKドキュメンタリー「JAPANデビュー――アジアの一等国」という番組で、日本の台湾統治が露骨に描かれた。この番組は読者の方にも記憶に新しいのではないだろうか。「中共の息のかかった番組」と産経新聞では一面を使って抗議の広告を出すほど日本の国民感情を逆なでしたが、本当に中国が仕組んだものだとすれば、別段、不思議なことではない。

思想統制は他国をコントロールするには最適の手段であって、中国に限らず、世界各国は戦略のうえで当然のこととして行っているにすぎない。知らないのは日本だけで、中国が日本を属国化すれば、NHKなどは真っ先に中国の思想統制の道具として利用されるのである。

国際社会で「世界平和」は通用しない

日本人の多くのは、「人類はこれまで、愚かな戦争を繰り返していたけれど、そのうちに世界は一つになる。平和で豊かな理想社会をいつか人類は作り上げるだろう」と思っているのではないだろうか。少なくともそういう方向に向かっているはずだと信じている人は多い。

ところが、残念ながら現実の世界はそうではない。地政学の理論に従えば、人類の歴史が終焉《しゅうえん》を迎えるまで、世界が一つにまとまることはけっしてない。国家や民族は永遠に紛争と共存を繰り返しながら争い続けていくことになる。

もちろん、私はそれで良いと言っているわけではない。けっして良いわけではないが、人間とはそういう生き物であるという考えのうえで世界が動いていることを忘れてはならないと言いたいのである。

世界の人々も、最初は「人類は平和を手に入れるだろう」という夢を持っていた。「もう愚かな戦争はやめよう、人類みんなで協力して平和な世界を築こうじゃないか」と考え、実際にそのように行動した人も多かった。とくに第一次大戦が終わったあと、「もうこんな悲劇的な戦争を起こさないようにしよう」という切実な感情が巻き起こったことは事実である。

戦争を繰り返してはならないという思いは、とくにヨーロッパの人々に強かった。なぜなら、第一次世界大戦では、進んだ科学文明のおかげで兵器が大幅に進化し、戦車や飛行機などの重火器、毒ガスなどの化学兵器が実戦に大量投入された。この結果、戦争の意味が従来とは様変わりしてしまったからである。

それまでの戦争と言えば、市街地から離れた戦場で戦闘員同士が戦うものだったが、第一次大戦から本格的に使用された重火器は、相手の兵士を殺すためのものではなく、破壊と大量殺戮《さつりく》を目的として開発されたものだった。このために、第一次世界大戦では、それまでとはまったく桁《けた》違いの破壊が行われ、多くの市民が亡くなった。

たとえば、フランスとプロシア（のちのドイツ）との間で行われた普仏戦争では、兵士だけではなく双方の市民も参加した総力戦となったために、当時としては市民の戦死者が多く、両国合わせて二五万人が亡くなった。

これだけでも当時の人たちにとっては相当ショックだったのだが、それから五〇年後に起きた第一次大戦では、フランス一国だけで一〇〇万人、ドイツも二〇〇万人以上が犠牲になっている（ちなみに世界全体では二五〇〇万人と言われている）。まさに桁違いの惨劇が、ヨーロッパを中心に巻き起こったのである。

その衝撃は大きかった。いまでも、ヨーロッパで「最大の戦争」という意味になる「ザ・グレイト・ウォー（The Great War）」と言えば、第二次大戦のことではなく第一次大戦のことを指す。第一次世界大戦というのは、それほどまでにヨーロッパの人々にとって悲劇的な記憶として残っている。

そうして、人々の平和を望む切実な声によって、世界がはじめて一つになろうとした。そして、一九二〇年に史上初の国際平和機構として国際連盟（League of Nations）が誕生した。「これで戦争はなくなる、平和で豊かな未来が訪れる」と誰もが希望を持った。ところが、その願いはもろくも崩れ去り、二〇年後、再び世界大戦を招いてしまった。

それでも人類は、あきらめない。国際連盟をより発展させた国際連合（United Nations）を発足させ、もう一度、世界平和に向かって歩み始めようと試みた。しかし、その一方で、「どうも、人類は戦争を克服することなどできないようだ」と考える人たちも誕生した。

「リアリスト（現実主義者）」と呼ばれる人たちである。

彼らは第一世界大戦の惨劇の発生した原因を考えるうちに、「国家はサバイバル（生き残り）とインタレスト（利益）をかけて闘うものなのだ」という答えに行き着いた。そして、国家間の争いは善悪で判断できるようなものではなく、人類のＤＮＡに仕組まれた偽らざる性質であり、その宿命から逃れようはないものだ。だったら、その前提で国家の発展と安定を図る道を模索すべきなのではないか、と考え主張し始めた。そして、その後の世界の動きを見ていると、どうやらリアリズム側の考え方に分があると言わざるを得ない。

たとえば、第一次世界大戦勃発前夜に『大いなる幻想』という本を発表したノーマン・エンジェルというジャーナリストは、「経済的な負担や相互依存関係を考えれば、もうヨーロッパ諸国は戦争できない」と説いたが、彼の主張にもかかわらず、二つの世界大戦が起こったし、そのあとには「第三次世界大戦」と呼ばれる冷戦時代が四〇年間も続いている。冷戦が終わったあとでも世界平和は訪れず、「テロとの戦争」が行われている。

また、世界政府の代わりとして創設された国際連合は、あいかわらず主権国家同士のエゴが衝突する場のままであるし、ヨーロッパ連合（EU）内でもいかに国益に有利となる交渉を引き出せるかが争われている。有力国であるドイツ内では「EUという機関を支えることによって、第二次世界大戦の戦後賠償が続けられているのではないか」という不満の声さえある。

つまり、世界ではたしかにリベラル（自由主義者）の人々が言うような「経済発展による平和の実現」というのは起こっていると言えるのだが、それでもリベラル側の主張だけを見ていると片手落ちであり、むしろ危険でさえある。

日本に欠けているのは、実に「リアリズム」の視点である。

世界は、私たちが思う以上に、利己的な欲望むき出しで、国や民族同士がいがみ合い、富を奪い合っている（もちろん、すべてであるというわけではないが）のが現実なのである。

そして、現在の地政学では、戦争による他国の実質支配、侵略を意味するのではなく、むしろ「他国を自国の利益（国益）のためにいかに効率よくコントロールするか」という点に研究の重きが置かれている。

リアリストたちが意味する本当のグローバル化

地政学を研究する人たちの中でも、とくに「リアリスト」もしくは「古典派」と呼ばれる人たちは、世界をどう見ているだろうか。

地政学の祖の一人であり、有名な「ハートランド論」（詳しくは後述）を唱えたハルフォード・マッキンダー（イギリス）は、一九〇四年、「世界はグローバル化した」

と宣言した。

日本人であれば、グローバル化された社会というと、国境がなく開かれた世界を想像する人が多い。国家の狭い枠にこもっていないで、広い世界に出て行こう。そして、世界を一つの単位と考え、共通のルールと価値観を築いていこうという、まさに大前研一氏の言うような「ボーダーレス・ワールド」を目指すオープンなイメージである。

ところが、マッキンダーの考えるイメージはまったく逆で、グローバルとはすなわち「クローズド・ポリティカル・システム（閉鎖された政治システム）」のことである。

では「クローズド・ポリティカル・システム」とは、どういうことだろうか。

世界が閉鎖される前の大航海時代は、富が欲しければ海を越えていけばよかった。ヨーロッパの国同士で戦争なんてやっていたら、互いが疲弊してしまう。そんなことをやっているより、広い外洋に出れば、アフリカ、インド、オーストラリア、南北アメリカなど、無限の大地が広がっている。そこには未開の民族がすでに住んでいるが、進んだ科学文明と強力な武器を持ったヨーロッパ人が彼らを制圧するのは造作もない。そうして、ヨーロッパの列強はどんどん海を越えて世界に出て行き、世界中の富を手中に収めた。

ところが、一九〇〇年代になると大航海時代にも終わりがきた。もう探検する土地がなくなって、あらかた領土の所有が決まってしまうと、地上に未踏の地はなくなってしまった。未知なるフロンティアはもう存在しない。地球は一つの単位になってしまい、もうこれ以上外へと広がることのない「閉鎖された政治システム」になってしまったのである。

すると次に何が起こるだろうか。

「世界のパイが決まってしまったということは、そのパイを取り合う争奪戦が世界で始まるだろう」。マッキンダーはそう考えた。

果たして、その後の世界はマッキンダーの予想した通りになった。すでに植民地政策によって世界の富を手にしていたイギリスやフランスはいいが、これから発展していこうとする伸び盛りの国にとっては、開拓しようにももう未踏の地は残されていない。豊かになるためには、どこかの国がすでに獲得していた土地を奪うしかなかった。ドイツ、オーストリア＝ハンガリー帝国などが、まさにそういう立場の国だった。

これらの国は、フランス、イギリス、ロシアといった大国に挟まれ、なかなか領土を拡張できなかったが、工業力をつけることで徐々に国力を増し、ヨーロッパ東方へと影響力を増していった。

このことで、圧力を加えられたスラブ地方（中欧から東欧地域＝ウクライナ、ベラルーシ、ロシア、スロバキア、チェコ、ポーランド、クロアチア、セルビア、ブルガリアなど）の民族運動が活発化。その結果、オーストリアの皇太子がサラエボに巡行した際、セルビア民族運動の青年に暗殺されるという事件が起きる。この事件をきっかけに、微妙な力関係を保っていたヨーロッパの均衡が一挙に崩れ、第一次世界大戦が勃発《ぼっぱつ》した。

それから一〇〇年近くがたって、世界はどう変わったか。

実を言うとあまり変わっていない。あいかわらず、世界の国々は、隙あらば自国の権益を拡大しようと虎視眈々《こしたんたん》とそのチャンスを狙《ねら》っている。

ただし、核兵器の時代に突入した現在では、おいそれと戦争をするわけにはいかなくなった。そこで、安易に軍事力には頼らず、経済や外交の力を使って巧妙に自国の国益を拡大していこうとしているのが現状であり、そのような力学を暴くのが、先ほど述べた〝悪の論理〟である、現在の地政学の概念なのだ。

世界は陰謀と謀略が渦巻いている。日本だけがカヤの外でいられるわけはないのである。

“悪の論理”は倫理とは別のところにある

世界の国々はいま何を考え、どうしようとしているのか、私たちは常にそのことに敏感にならなければならない。なんともせちがらい世の中ではあるが、相手が日本の権益を狙って本気で争奪戦を仕掛けてきているのだから、それに対抗しないわけにはいかない。

「脅威の存在」は、何も中国だけに限らない。日本を取り巻く国には、ロシア、韓国、北朝鮮、台湾などがある。どこでも考えていることは同じだ。自国の権益を拡大するために、必死の戦略を仕掛けてきているのである。

北朝鮮は言うに及ばず、ロシアは一度返すと約束した北方領土を一向に返してくれる気配がない。韓国は竹島を強引に実効支配したまま交渉にも応じてくれない。どれだけ抗議しても、中国は南西諸島や沖ノ鳥島付近などの日本領海の海域における海底調査をやめようとしないし、尖閣《せんかく》諸島近海の海底油田をそしらぬ顔で簒奪《さんだつ》し続けている。

これに対して、日本は指をくわえて見ているわけではなく、国際法を盾に理論武装し、外交的な段取りを踏んで、それなりに交渉を持ちかけている。しかし、彼らはまったく相手にしてくれない。

どうみても日本のやっていることが正しいのに、なぜ彼らは無視するのか。それは、世界の多くの国は、国際法や外交上の倫理とは別の論理で動いているからである。独り日本だけがそんなものをしゃくし定規に守っても、どこもまともに乗ってこない。

彼らは最初から「どちらの言い分が正しいか」などという点を問題にはしていない。屁《へ》理屈だろうが、言いがかりだろうが、言い分が通ってしまえばそれでいい。通らなければ居直るだけ。正攻法しか知らない日本は、次に何をしてくるか予想しやすい相手であり、いやらしい責め方はしてこない。彼らにとって、日本という国はやりやすいことこのうえない相手である。

なるほど、どんなに交渉を申し出ても、交換条件を提示しても、こちらの主張を彼らはまともに聞いてくれないのは当然である。

実は、世界ではそういうズルい論法、つまり倉前盛通《もりみち》（一九二五～一九九一年。政治学者。亜細亜大学教授在職中に発表した『悪の論理』はベストセラーとなった）氏が数十年前に名付けた〝悪の論理〟というものがまかり通っている。

それなら、日本も国際法など無視して、無理やり他国を領有し、富を簒奪しろというわけではないが、少なくとも、相手の手の内、頭の中身を知っておかなければならない。中国やアメリカなど、外国のエリートたちの戦略眼、その背後にある思想、世界観、哲学を知って、彼らの発言や行動の裏にある狡猾な罠《わな》を見抜かなければならないのである。

彼らの〝悪の論理〟を見抜く方法の一つが、地政学である。

地政学はそれを知らない人にとっては単なる〝悪の論理〟になるが、知っているものにとっては「解毒剤」や「ワクチン」にもなる。そのため、少なくとも地政学を知っているか知らないかだけでもその差は大きい。相手が〝悪の論理〟を持ちかけてきてから対策を考えているようでは遅いのであり、日本人もリアリストとして〝悪の論理〟を見きわめる目を持たなければならない。

地政学とは、すでに述べた通り、民族や国家の行動パターンを地理的な条件からモデル化した理論である。この理論を使うことにより、中国やアメリカはこれからどうしようとしているのかを見抜き、あるいは、日本はこれからどうするべきなのか戦略を組み立てていくことができる。国家の運営に絶対必要な学問なのである。

同じことは、国際政治学、国際関係論などの理論を使ってできるかもしれない。ただ、地政学がそれらと一線を画するのは、「地理」という変化しにくい要素を理論の土台にしている点にある。

国家というものは「自らの生存と利益をかけて際限なく肥大する」という性質を持っている。そのときに、水が低きに流れるように、一定の法則性を持って生存圏を拡大させていく特徴がある。さらに、個々の民族や国家の地域的な事情や歴史的な背景によっても、ある程度、その民族、その土地に住む人に独特の癖のようなものが底流に流れているものである。それは、政権が変わろうと、社会制度が変わろうと、それほど劇的に変わるものではない。

そういう現実を知ったうえで「では、その性質を利用してどのように国家戦略を組み立てるのか」という観点で地政学は研究され、発達してきた。いまでは、国家戦略に地政学の手法を利用するのが世界の常識になっている。

世界が使っている「勝つための方程式」を、日本だけが知らない。これでは国際社会に出るとやられっぱなしになるのは当然である。

世界がグローバル化している社会では、地政学はなおさら求められる戦略概念なのである。

国際政治を平和主義から学ぶ日本の非常識

戦後日本では、GHQから研究を禁止されてしまったために、国内ではほとんど地政学の専門家がいなくなってしまった。

数少ない先駆者もすでにお亡くなりになって、地政学を専門に研究しているのは日本では私くらいしかいない。しかも国内では研究材料に事欠くありさまで、そのおかげで私は主にイギリスを拠点に学究、論述活動をしているのが実情である。

そういった事情で、日本では地政学の概念があまり普及していないし、言葉そのものは最近よく聞かれるようになったとしても、矮小化された理解が広まっているのが実態である。

とはいえ、この本は地政学の専門的な理論について紹介することを意図して書かれているわけではないので小難しい説明をするのは避けたい。最低限の予備知識として、地政学とはどういうものかということを知っておいていただければ十分である。

それには、おそらく、私自身が地政学というものに触れ、のめり込んでいった過程をお話しするのが適切だろう。

私自身、二二歳のときカナダに留学するまで、「地政学」の「地」の字も知らなかった。そもそも学者になるつもりもなく、なんとなく音楽に関する仕事をしたいと考えていた私は、高校を卒業すると都内の音楽関係の専門の学校に進学した。

ところが、学校に入った瞬間になぜか音楽への情熱がピタリと醒《さ》めてしまい、何をするかとわからずに悶々《もんもん》と四年間過ごしたのちになんとか卒業した私は、これからどの道に進もうかとして悩める日々をアルバイトなどをしながら過ごしていた。あとから考えれば、これはいわゆる「フリーター」であった。

ところが、いまでもなぜかはわからないが、ある日突然に親から「知り合いがカナダにいて安く留学できるから、何カ月か向こうで勉強してきたらどうだ」と勧められたのである。そういうチャンスがあるのなら、一度ぐらい留学を経験しても損はないだろうと、半ば人生勉強のつもりで私はカナダに向かった。そして、このカナダ行きが私の人生を大きく変えてしまった。

まず、衝撃を受けたのは、自分自身の歴史観の足りなさだった。

これは留学してみるとわかるのだが、日本人というのはたいていの場合はまず同じ学校に通うアジア系の学生と最初に仲良くなる。ところが、ある程度仲良くなると、そこから先に大きな壁があらわれる。どういうことかと言うと、「歴史問題」が出てくるのである。具体的には、歴史認識の違いが、意志の疎通をブロックしてしまうのである。

「日本人はナイーブである」ということをよく聞くが、これはかなり真理をついている。ただしなぜナイーブなのかと言うと、われわれが外国のマナーを知らないということもあるのだが、根本的な部分で「誇りを持って自国の（近代の）歴史を学んでいない」という点が大きい。

たとえば、私は個人的に政治問題に興味があったので、そのような授業を学校でよく受けたのだが、とくにアジア系の学生たちは、議論のときになると日本人学生を見つけては歴史認識についての議論を吹っかけてくる。

ところが、日本人は古代から江戸時代あたりまでの歴史の勉強はしていても近代史は知らないし、「歴史をどうみるか」という歴史観そのものについて学ぶ機会が少ない。そのようなわけで、論争でやり込められた末に、結局は彼らの思想に影響を受けてしまう。

まわりで見ている他国の学生も、反論もできない日本人学生の姿を見て、「なんだ、日本人には思想や主張というものがないのか」と思ってしまう。しかも実際にこれにはある程度の真実が含まれているからいっそうやっかいである。

さらに困るのは、外国に留学してくる学生が本国に帰ればそれなりの立場になることが多い、という点だ。すると各国のエリート層たちの原体験として、「日本人にはは芯となるようなアイデンティティがない」というイメージが刷り込まれる。

こういうことはきわめて地味な体験なのだが、あとでじわじわと効いてくる。つまり、本国に帰ってエリートとなった彼らの頭の中に、「日本人はたいしたことがない」という思想ができ上がるからである。そして結果的に、彼らにどんどんつけ込まれてしまう体制が作られてしまうのである。

当時の私もそういう背景を知らなかったので、ご多分にもれずその洗礼を受けた。やり込められたのが悔しかったので、いろいろな本を読んで、自分なりに歴史のことや戦争のことを必死に勉強して反論できるようにした。そのような過程で、私自身の歴史観が変わったのである。

ところが、あとになって気がついたのだが、日本で国際政治やその理論などを学ぼうとすると、最初に触れるのはマルクス主義などをベースにした「理想主義／ユートピアニズム」が多い。もしくは「絶対平和主義」のようなものになる。いわば理想論と言ってもいい。

マルクス主義を平たく言ってしまえば、「政治権力を排し、社会格差をなくし、誰かに命令されずに、みんなで働いて得た富をみんなで平等に分配しよう」というものである。

ご存じの通り、こんな淡い幻想が、現実社会で成立するはずがない。実際に、マルクスの理想にのっとって建国されたソ連は、階級闘争を終わらせるどころか党官僚という絶対的な階級を生み出し、民衆の自由を束縛する圧政を敷いた。

「みんな自由に平等に」というのは大変聞こえがいいが、実際には平等など「無理」なのである。それが現在でも生きた学問として学ばれているのは、西側先進諸国ではイタリアと日本ぐらいのものだろう。

欧米ではまずこういうことはない。これらの国の国際関係論の教科書は、まずはリアリズムの理論の勉強から始まるのが普通だ。いわゆる「現実主義」である。

最初に教えられる理論からして、「近代国家といっても、実はそれほど成熟しているものではなく、欲と業の塊であり、基本的には際限なく増殖しようとするものなのだ」という歴史観から始まるのである。

日本の場合、戦後の教育思想の根底に「世界平和」、「経済発展」、「人類みな兄弟」というベースがあり、「そのために学ぶ」、「そのために社会に出ていく」という認識がある。だから実際に世の中に出ていくと、理想と現実のギャップにさいなまれる。

そういう現実を薄々わかりかけていた年代に、私は「世界はリアルな人間の欲と感情の集積によって動いている」という理屈に触れ、いままでなんとなく習ってきた単なる理想論との違いに衝撃を受けたと同時に、やけに納得してしまった記憶がある。

そして、日本に足りないこのようなリアリズム系の学問や思想を追求するうちに、留学年数がどんどん伸びていった。

私が地政学にのめり込んでいった理由

そもそも目的があって留学したわけではない私は、「何を学ぼう」という意欲さえなかった。カナダに来てから「さてどうしようか」と考えたのが実際のところである。

何の勉強をしてもいいのだが、強いていえば、人間の心理に興味があったのでとりあえず心理学の授業を選択した。しかし、心理学の授業だけでは卒業単位に足りない。その数合わせのためだけにたまたま選んだのが地理学（Geography）の授業だった。それも、興味があったからではなく、テストを受けたらたまたま点数が良かったので、

「単位が取りやすいから取ろう」という、いたって単純な動機だった。

そして、その地理の学科の中の「政治地理学（Political Geography）」という授業をとったのだが、ここで地政学に出会い、その瞬間からあまりの面白さにのめり込んでしまった。

ここで一つ、お断りしておきたいことがある。それは、現在の欧米の政治地理学の授業で教えられている「地政学」というのは、正確に言えば「批判地政学（Critical Geopolitics＝クリティカル・ジオポリティクス）」という分類になる、ということだ。

この学派は、従来の地政学である「古典地政学（Classical Geopolitics＝クラシカル・ジオポリティクス）」の理論を批判するという、ちょっと不思議なテーマの学問であるのだが、さらに不思議なことに、大学で教えられる地政学関係の授業のほぼ九五％が、この批判地政学の観点から分析されたものであり、本来の地政学をわざわざ「古典地政学」と呼び分けなければならなくなってしまっているほど批判地政学がメジャーとなっている。

よって「外国で地政学を学んできた」といったら、実はほとんどが「批判地政学」のアプローチによるものであると言ってよい。

ではなぜ、もともとあった学問を「批判する学問」が多勢を占めるのか。その理由を簡単に言えば、古典地政学がナチスに悪用されたからであり、また、それが現在の現実の政策（とくにアメリカのもの）にも活用されているからにほかならない。

つまり、古典地政学は現在も活用されているために、その理論はあまりにも生臭すぎる。学術界ではあまり客観的に研究できる対象とは言えない。だったら単純に批判するほうがよい、ということで批判専門の地政学がメジャーになっているのである。

たとえば、私が現在イギリスで師事しているレディング大学のコリン・グレイ教授は、レーガン政権時代の政策ブレーンの一人で、当時のアメリカの核戦略の構築を担当していた実務家でもある。さらに具体的に言えば、彼は七〇年から八〇年代を通じて「ソ連と核戦争を戦うときにはどうやって勝てばいいのか」ということを真剣に考えていた人物である。

このように教授はアメリカの国家戦略に直接関わっていたのだが、あるときに、アメリカ側の核戦略に地理的な考察が少ないことに気がついた。そしていろいろな文献を探すうちに、古典地政学の理論が非常に参考になることに気がつき、ナチスの手によってイメージが悪くなっていた地政学の理論を、当時の核戦略の議論に活用するために復活させたのである。

ただしこのような「実践重視」の理論は、あまりにも政治的であり客観性を欠くと考えられるためにに、どうしても学者は「色がつく」と言って真剣に研究したがらない。そうなると必然的に「批判の対象」として扱うほうが簡単なので、むしろそれを専門に批判する学派が伸びてきたのであり、現在ではこちらのほうを研究する学者の数が圧倒的になったというわけである。

このように地政学というのは、学界ではメジャーな「批判地政学」と、マイナーな「古典地政学」に分かれるのだが、この本ではとりあえずわかりやすくするために、私が研究しているより実践的な「古典地政学」のほうを「地政学」と呼ぶことにする。

さて、私はそのあと、どんどん地政学の研究にのめり込んでいくことになった。その理由は、地政学を学べば学ぶほど国際関係の力学が面白いほど読み解けるようになったからだった。

たとえば地政学の理論からみると、戦争だけではなく、外交や政策の面で、なぜこの国はこんなことをやっているのか、この国はどういう特質だからこういうことをしようとしている、といったことも実に明快にわかってくる。

読み解きに慣れてくると、いまの政治に置き換えて、オバマ大統領はなぜあんなことを言ったんだろうとか、胡錦濤《こきんとう》主席のあのときの発言はどういう意味があったのか、といったことがわかってきて、さらに面白くなる。

ナポレオンは「その国の地図を見せてみろ、そうすればその国の対外政策はわかる」と言ったそうだが、これにはかなりの誇張があるにせよ、そこには一面の真理が含まれている。

なるほど、こんな理論を知っていたら、逆にこちら（日本）が行おうとしている手の内は簡単に読み解かれてしまう。地政学というものを知れば知るほど、「これを相手国が持ったら困る」という気持ちになる。実際のところ、地政学というのはわざと隠されているのではないかと思えるほど、正式に教えてくれるような学術機関は世界でも少ない。

私はカナダで「批判地政学」を通じて、その批判対象となっている古典地政学の存在を知った。しかし、それがあまりにも批判されているために、逆にその古典地政学を教えてくれるところはないのか興味が出てきた。

しかし、カナダやアメリカではついに見つからず、唯一それを教えていたのが、現在学んでいるイギリスの大学院だけだった。そこでなんとか手を尽くして、縁もゆかりもないイギリスで、いまもこうして学究生活を送っている。

話をもとに戻そう。

何度も繰り返すようだが、地政学というのはかなり実践的な学問であり、おそらく多くの国があまり意識せずに、国家戦略の中で活用している、とても生臭いものだ。そしてあまりにも生臭いために、クリーンな学者はつい敬遠してしまい、正面から研究されずに政府内で論じられるだけになってしまう、いわば「密教的」なところがある。それがかえってミステリアスな魅力を醸し出しているとも言える。

私が前著『地政学…アメリカの世界戦略地図』（五月書房）を書いているときに一つ気付いたのは、「地政学というのは〝魔法〟の使い方を教える学問である」ということだった。たしかにここから国際政治を見てみると、「なるほど、世界の国はこんな〝魔法〟を持っていたのか」と突然世界の動きが理解できることが多い。

しかし、地政学の知識というのは基本的には〝秘密の魔法〟なので、人においそれと教えるわけにはいかない。そしてそれが〝魔法〟であることを科学的に細かく検証していこうというのが「批判地政学」だと考えると、たしかに納得できる。

そのような魔法的な性質があるために、地政学という学問の秘密の全容が表に出てくることはなかなかない。しかし、それでも地政学的な考え方が各国の政府のエリートたちの思考回路の中に無意識的に刷り込まれているものであるので、地政学を学べば、それがどういう形で、どのようなときに出てくるのかがよくわかるのである。

たとえばヨーロッパや中央アジアの国々は、歴史の中で何度も隣国と悲劇的な紛争を起こし、攻め込んだり攻め込まれたりを繰り返している。いつ戦争に巻き込まれるかもわからない厳しい環境にいるため、戦略的考え方を鍛えなければ生きていけない。そこで自然と「地政学的な考え方」が身につくことになる。

ところが日本には幸か不幸か、それほど戦略的に考えなければいけない歴史は少なかった。ナイーブなままでも、いままでなんとか生きてこられたのである
しかし、現在のように百戦錬磨の大国がひしめき合うグローバル化時代では、状況が違ってくる。日本も戦略的に地政学的に考えないと、これからの時代を生きていけないのである。

平和ボケの日本が外交に出ると、まったくもって他国にやられっぱなしなのも当然である。外務省も政治家も一応はがんばっているが、いつも対応は後手後手にまわる。さりとて外国の外務官僚がそれほど切れ者ぞろいなのかというと、特別そういうわけではない。

では、なぜ日本はいつもやられてしまうのかと言えば、彼らは〝魔法〟を使い、その知識があるからだ。日本に足りなかったのは、この〝魔法〟の知識だったのである。

第2章

日本の国益は技術だけで守れるのか

世界は「戦略の七階層」で国益を考えている

地政学そのものを語る前に、世界が考えているリアリズム＝〝悪の論理〟について言及したい。

世界は自国の利益のために、いかに他国をコントロール下に置くか、もしくはコントロールしやすい状態を作るために国家戦略を考えている。しかし、国家戦略についての戦略理論が日本には存在しない。

それならば、日本もその戦略理論をいち早く導入して、世界戦略を組み立てなければならないことになる。そして、そのための具体的なものとして地政学が土台となる。

地政学を用いて日本の国際戦略を組み立てるためには、その前提となる条件がいる。その条件が次に示す「戦略の七階層」と呼ばれるものである。

・世界観（Vision＝ビジョン）
・政策（Policy＝ポリシー）
・大戦略（Grand Stradtegy＝グランドストラテジー）

・軍事戦略（Military Strategy＝ミリタリーストラテジー）
・作戦（Operation＝オペレーション）
・戦術（Tactics＝タクティクス）
・技術（Technology＝テクノロジー）

この七つの概念は階層であるから、上位の要素が下位の要素を規定する、ということになる（49ページ図参照）。

実際に地政学で使われるのは上から三番目の「大戦略」のレベルである。しかし、その前提として、最上位に位置する「この世界はどういう世界で、その中で自国はどういう立場、役割を持っているのか」という「世界観」が地政学を考えるうえでも絶対的に必要となる。

たとえば、地政学ではまず世界の地理的な現状を説明するために地理的な概念、もしくは実際の地図を使う。「地理的な概念」や「地図」というものには、「全世界共通の、完全に客観的なもの」というのはあり得ないのであり、人間が主観的かつ意識的に作るものであるために、どうしてもある特定のイデオロギーや視点、つまり作った側の人間や国家の「世界観」や「ビジョン」というものが反映されてくる。

そしてこれが「アイデンティティ」というものにつながる（実はいま、世界観のさらに上位概念として「宇宙観」が存在していると私自身は考えるようになっているが、それについては割愛する）。

ともあれ、まずビジョンがなければ具体的なアクションが出てこない。「いま世界はどういう状態で、われわれはその中でこういう立場にある」というところから出発し、「では、その役割にしたがって何をしていくか」という政策が導き出され、その政策を実現する手法として、具体的な戦略が必要となってくる。

つまり、まず世界観があり、それを実現するために政策（政治）が存在し、その政策を実現するために大戦略を立て……というように、国家の戦略体系は階層的に構築されていくものなのである。

しかし日本の場合、その一番大事な「世界観」が、決定的に弱い。グローバル社会になって、世界の中で日本はどのような役割を果たしていくのかと問うたときに、その答えを政府も国民もほとんど持ち合わせていないと言っていいだろう。

二〇〇九年八月三〇日、歴史的な大勝によって衆院選を制し、政権与党となった民主党の鳩山由紀夫代表が、その勝利が確定した当日に行った記者会見で「マニフェストを見ても、国としてのビジョンがわかりにくい。民主党はどのような国づくりを目

戦略の7階層

世界観 (Vision)	人生観、歴史観、地理感覚、心、ビジョンなど 「日本とは何者か、どんな役割があるのか」
政策 (Policy)	生き方、政治方針、意志、ポリシーなど 「だから、こうしよう」
大戦略 (Grand Strategy)	人間関係、兵站・資源配分、身体など 「国家の資源をどう使うか」
軍事戦略 (Military Strategy)	仕事の種類、戦争の勝ち方など 「いまある軍の力でどう勝つか」
作戦 (Operation)	仕事の仕方、会戦の勝ち方など 「いつどこで戦いをするのか」
戦術 (Tactics)	ツールやテクの使い方、戦闘の勝ち方など 「勝つためにどう戦うか」
技術 (Technology)	ツールやテクの獲得、敵兵の殺し方など 「戦闘に勝つためにどのような技術を使うか」

※現在では、世界観の上の階層に「宇宙観（死生観、哲学・宗教観、魂、アイデンティティなど）」がある。

指すのか」と聞かれて、「一人ひとりの国民が幸せになれる国だ」と答えた。これはこれでけっこうなのかもしれないが、国家ビジョンとはそういうものではない。

鳩山は、戦略の前提として必要な、「世界において日本はどういう立場にあって、どんな役割を果たしていくべきか」というビジョンなど持ち合わせていないことを、この記者会見で露呈してしまったと言える。

国のリーダーがこの通りなのだから、国民が一つになれる目標を見つけようがない。

「世界観」の足りない日本のリーダーたち

日本の政治家は、政治というと国内統治のことしか考えていないが、「世界の中でわが国はどうやって生きていくのか」という視点を欠いて国の運営は不可能である。こうした世界観がいままでなくても成長できたのは、アメリカの世界観や大戦略にうまく乗っかっていたからにすぎない。

自分で進まなくてもアメリカが引っ張る列車に乗っていれば目的地に連れて行ってくれるのだからこれほどラクなことはない。

それでも、中曽根政権ぐらいまでは、日本にはまだ世界観や大戦略らしきものがあった。いわゆる「吉田ドクトリン」や「不沈空母論」などに代表されるように、安全保障はアメリカを唯一最大のよりどころとして国防に金をかけず、経済活動を活発化させて、アメリカの世界戦略と共同歩調をとるというものである。アメリカが先鞭《せんべん》をつけて世界に自由と民主主義とマーケットを広め、万一有事の際には、ソ連、中国などの共産国を抑え込む「太平洋の防波堤」になるというものである。

「アメリカのポチ」と言いたいやつには言わせておけばいい。実際それで日本は、経済力で一度は世界の頂点に立ったのである。そういう意味で、戦後の日本の大戦略はこれで立派な一つの国家ビジョンを表していたと言ってしまってもいいくらいである。

ところが村山政権あたりから、日本はどうも国家ビジョンやアイデンティティを失ってしまった。冷戦構造が崩れたことで、アメリカが日本から段々と距離を取り始めたことも理由にある。急に独りで戦略を考えなくてはならなくなってしまった日本は、どちらに進んでいいかわからなくなって立ち止まってしまったのである。

村山政権の政策テーマは「やさしい国」だった。これはあまりに抽象的すぎてしまい、具体的にどんな国を目指すのか明確な戦略がまったく見えてこない。

このように、国家がアイデンティティ・クライシスを起こすと、敵対する勢力につけ込まれやすくなる。

　村山首相は、戦後五〇周年の終戦記念日にあたる一九九五年八月一五日に、「日本が植民地支配と侵略によって、多くの国々、とりわけアジア諸国の人々に対して多大の損害と苦痛を与えた」と述べ、「痛切な反省の意」と「心からのお詫《わ》びの気持ち」を表明した。

　これがいわゆる「村山談話」であり、第二次世界大戦や植民地支配などの歴史認識について日本政府の公式見解として〝非を認めた事実〟として、以後、アジア外交の足を引っ張り続けている。

　村山首相が属していた社会党（当時）はたしかに革新思想が強かった。しかし、一国の宰相でありながら、なぜわざわざ国益を損なうような発言をしたのか。非常に理解に苦しむ。

　その後も日本の政権は何度も変わったが、明確な指針を国民に示した政権はなかった。国民的人気のあった小泉首相も政策テーマは「構造改革」であり、これは単に国内向けの政策課題であって、立派な国家ビジョンであるとはとても言えない。

　あとは、安倍政権の「美しい国、日本」、麻生前首相が言及した「自由と繁栄の弧」（北東アジア、中央アジア・コーカサス、トルコ、中・東欧、バルト諸国を日本にとっての戦略的地域と位置付け、民主化と経済成長を支援することで日本の国際的影響力を強化しようという考え方。麻生前首相が外務大臣時代の二〇〇七年に提唱）などが思い浮かぶぐらいで、そのほかの歴代政権にいたっては、もうキャッチフレーズさえ記憶に残っていない。

いま日本は金融恐慌からこのかた、経済が疲弊している。この立て直しが緊急課題なのはたしかだが、そのためには日本という国家のアイデンティティやビジョンというものを、いま一度表明することが必要である。

日本はこれからどんどん人口が減っていく。内需だけに頼っていれば衰退するのは明らかで、どんどん世界に出ていくしか道はない。そういう政策を期待しているのに、自民党にとって代わった民主党が掲げる最大の政策テーマが「子ども手当の導入」と「官僚政治の打破」だというのだから先が思いやられる。

このような頼りない政府には任せておけない。私たち自身がリアリストとして戦略的な思考を持たなくてはならない。そのためには、私たちも〝悪の論理〟を身につける必要がある。

「世界観」なき日本は、このままでは滅びる

日本に戦略がないのは、その前提となる「世界観」がリーダーたちにも国民にも欠落しているからである。あるいは、たとえあったとしても、その世界観は明確ではなくぼやけてしまっているために、具体的な戦略が出てこない。

世界観などなくても、日本は戦後一貫して成長してきたではないか、と言う人もいるかもしれない。しかし、歴史上、世界観を持たない、あるいは失った国が栄えたことはない。一時的には栄えても、いずれ衰退する運命にある。

アメリカには、「自由と民主主義（と市場）を世界に広げる」という国家ビジョンがある。中国にも「中華思想」と呼ばれる確固たるビジョンがある。だからぶれない。しかし、日本にはそれがない。いや、実際にはあるだろうけれど、とてもぼやっとしていてまとまりがなく、明文化しにくい。このために世界観がなかなか見えづらい。これが日本の最大の弱点になっている。

日本は現在でも、とりあえず世界第二位の経済大国であり、どの国より進んだ技術を持っているなど、使える手がいっぱいあるにもかかわらず、外交ではなかなか成果

が挙げられず、小国相手に翻弄《ほんろう》されている。このような情けない原因も、すべては世界観の弱さに遠因がある。

かつて、日本も世界観を持っていたことがあった。「欧米の植民地にならないアジアの一等国」というのがそれであり、そこから出てきた大戦略が、明治時代の「殖産興業」「富国強兵」であった。

「世界は欧米列強が支配している。日本も早くそこに追いつかないと植民地化されてしまう。列強に対抗するためには、産業を興して国力を鍛え、儲《もう》けたお金を軍備につぎ込んで国力を強化しないといけない」というのが、当時の日本の国家的な目標であった。

国家のビジョンはお利口な優等生的なものである必要はまったくない。いたって俗っぽい利己的なものであっても、それが明確なものかどうかで大きな違いが出てくる。

北朝鮮にしても、あれほど小さな国で、あれほど国民が疲弊しているのに、ときにはアメリカや中国さえ手を焼くほどの外交力を発揮するのは、「帝国主義への徹底抗戦」という明確なビジョンがあるからだ。

自分の立場をよくわかっていて、しかも明確な目的を持つ者は、個人であれ企業であれ国家であれ、絶対的に強い。

では、なぜ日本はその大事な国家ビジョンを失ってしまったのか。その理由は、一度アメリカに戦争で負けて、支配下に置かれたからにほかならない。

戦争で勝ったアメリカは、日本にGHQを設置し、徹底的な思想の改造を行った。明治憲法を廃止してGHQが作った憲法を押しつける。財閥を解体させ、家父長制も改めた。そうして、日本人が日本人であることのアイデンティティをどんどん奪っていった。「みんなが集まって、いっせいに同じ行動をするのは思想統制的だ」という理由でラジオ体操まで禁止された。

そこまで徹底的に思想を抑え込もうとしたのは、日本がまた力を持ったらアメリカにとって困るからである。

日本がビジョンや国家政策を持ったら、いずれ国力を回復させるだろう。そのときにまた、アメリカ相手に戦争をしかけられたらたまらない。ゆえに、戦略思想につながるものはどんどん奪われていった。当然、地政学を研究するなどもってのほかである。

こうして日本は手足を奪われたも同然になった。「自分で考える力」、「自ら戦略を駆使して国家を運営していく力」を奪われたのだ。そうして、アメリカ自身にとって都合がいい手駒となってしまったのである。

他国の支配下に置かれ、自ら考える力や武力を奪われ、手足を縛られた状態になると、国家というものはアイデンティティを喪失しやすい。南北に分かれる前の朝鮮半島も同じである。

　朝鮮半島は戦後、日本の支配から解放されて、自分たちで国づくりをしていこうという段階になった。しかし、日本に支配される前、長らく中国の属国であった朝鮮は、そもそも自分たちで考えて本気で国づくりをしたことはない。もちろんそれなりのアイデンティティはあったのだが、それも十分に「勝ち取ったもの」とは言えない。そこをかつての宗主国であった中国につけ入られ、結果的にのちの南北分断の悲劇を招いたのである。

　アイデンティティ・クライシスが起こると、他国に簡単につけ込まれてしまう。日本にビジョンはないが、アメリカのビジョンに乗っかっていればよかった。加えて、ビジョンはなくても「アメリカに追いつけ追い越せ」という目標（大戦略）だけがあったので、その目標に向かって脇目も振らず一直線に突き進んだ結果、他国につけ入れられず経済成長を達成したのである。

　ところが、経済成長に成功してアメリカに追いつくという目標がある程度達成されてしまうと、目指すものがなくなってしまった。そのころには東西冷戦も終わっている。アメリカは、「冷戦は終わった。勝ったのは日本だ」と言い始めて、それまで懐《かい》柔《じゅう》政策をしていた日本とは距離をとるようになった。

冷戦時代の日本はアメリカの尻馬に乗っていけばよかっただけだが、突然そのタガが外されて、自立して歩まなければならなくなった。しかし、一度失ったアイデンティティはそう簡単に取り戻せるものではない。

世界観を見いだせず、国際社会で存在感を発揮できないで手をこまねいている間に、中国や韓国、台湾などがキャッチアップしてきた。冷戦に敗れて衰退していたロシアも巻き返してきている。彼ら、これから伸びていこうとしている国が富を得るためには、すでに富を持てる国から奪うしかない。

では、彼らが覇を競う極東で、もっとも〝持てる国〟はどこだろうか。言うまでもないだろう。

しかも、その日本はというと、アメリカの庇護から放り出されて、自国のアイデンティティを持ち合わせていない。まことに御しやすい相手である。おまけに、富だけはたっぷり持っているのだから、他国にとってかっこうの獲物以外の何ものでもない。

マキャベリは、「貧しい兵士にとって最大の報酬は、丸腰の何もできない金持ちの男だ」と言っているが、この言葉ほど日本の置かれている状況を的確に表しているものはない。

領土さえ奪われたままの日本

たとえば、竹島にはいま、韓国が領有権を主張して警察隊を常駐させている。歴史的には明らかに日本領である。戦後しばらく韓国は何も言わなかったのに、一九五二年一月、当時の李承晩《りしょうばん》大統領が突然、「海洋主権宣言」を行った。

そして「朝鮮半島から続く大陸棚の範囲はすべて韓国領だ」というわけのわからない理屈を言い始め、いわゆる「李承晩ライン」を国際法に反して一方的に設定（61ページ参照）。内側の広大な水域への漁業管轄権を主張するとともに、そのライン内に竹島を取り込んでしまった。

言いがかりだろうが、思いつきの屁理屈であろうが、領土問題は貫き通した者の勝ちになってしまう。これが〝悪の論理〟である。

国際法的にも、歴史的にも日本の領土だが、大切なのは「いま現在実効支配しているのはどこの国か」という点である。すでに警察隊を常駐させている韓国がこのまま居座ってしまえば、国際法上も韓国のものになってしまう可能性が高い。

日本は冷静に対処しようと、国際司法裁判での調停を持ちかけている。しかし、彼らは応じるつもりなどない。そんなことをやってしまえば、みすみす日本に領有権を奪われてしまうからである。

主張の正当性など韓国にとってどうでもいいことで、どんな手を使ってでも自国領になればＯＫ。日本が軍事力で強制排除でもしない限り、韓国の警察隊は居座り続けるだろう。

領土問題でさらに深刻なのが北方領土である（63ページ参照）。

第二次大戦終戦後のどさくさにまぎれて日本から簒奪して以来、実効支配を続けているロシアだが、一九五一年の「サンフランシスコ平和条約」で北方四島の返還に署名せず、その後、一九六五年の「日ソ共同宣言」において、歯舞《はぼまい》群島と色丹《しこたん》島の二島をまず返還することが明記された。

にもかかわらず、返還が行われないままソ連は解体してしまう。その後、領土はロシアに引き継がれたままである。

そのロシアも、これまでもたびたび領土交渉に応じる姿勢を見せるなど、一応は解決を目指そうというポーズだけはとっている。しかし、おそらく彼らには北方領土を

竹島領有の根拠となった「李承晩ライン」

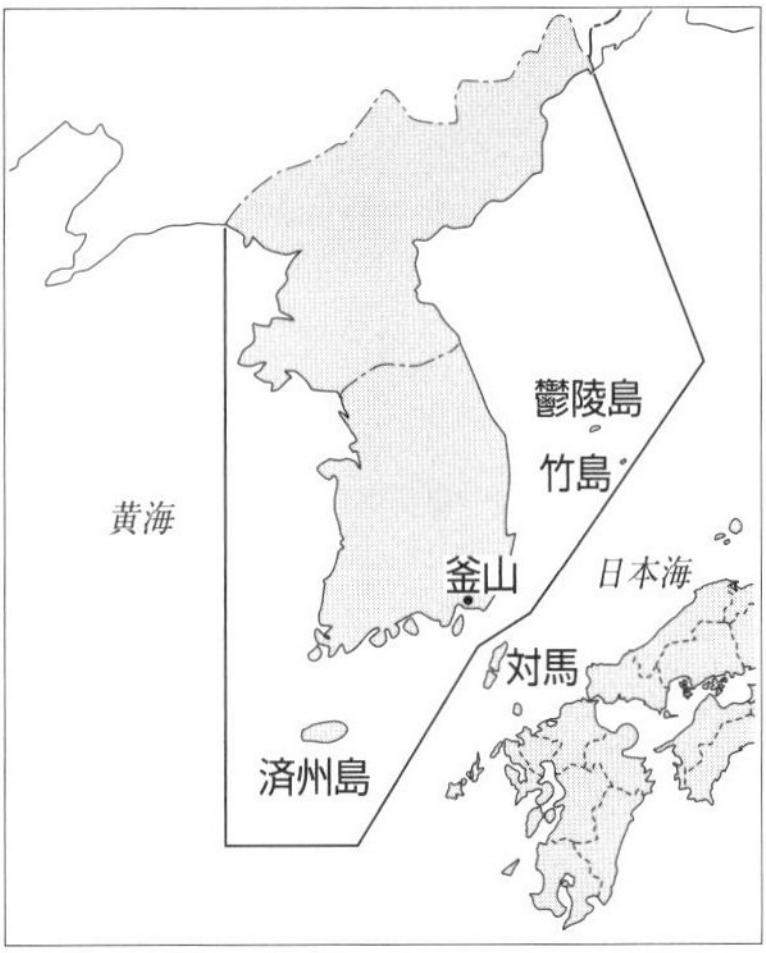

「李承晩ライン」とは……

大韓民国大統領・李承晩（1875～1965年、大統領在任期間：1948～1960年）が、1952年1月18日に「海洋主権宣言」に基づき一方的に設定した軍事境界線。当然、国際法上認められていない。

韓国側はこの境界線付近で操業していた日本漁船に対し拿捕や銃撃を繰り返した。

これにより不当に抑留された日本人は3929人、拿捕された船舶数は328隻、死傷者は44人を数えた。1965年の日韓漁業協定の成立によって廃止されたが、このときの竹島（韓国では獨島）領有の主張が、現在の竹島問題となっている。

返還する気などさらさらない。

自国の産業振興のために、日本からの開発資金を引き出したいロシアは、あまり日本と面倒を起こしたくない。だから交渉窓口だけは開けておく。交渉に応じる姿勢だけ見せておけば、日本はめったなことをしないのを知っている。あまりしびれを切らすようなら、たまに日本に期待させるような思わせぶりの発言でもしておけばいいのである。

あとは何を言われてものらりくらりと言を左右にふる。何を言われても「返す」と言わなければいいだけの話である。さらに言えば、「返す」と約束してしまっても、実際に返さなければいいだけの話にすぎない。

一九九七年には、クラスノヤルスクで、当時の橋本龍太郎首相とボリス・エリツィン大統領（ともに故人）の首脳会談が行われ、「二〇世紀中に領土問題を解決し、平和条約を締結する」と明記された、いわゆる「クラスノヤルスク合意」が交わされた。この合意を踏まえて、日本政府は円借款融資を実行し、シベリア開発にも協力している。しかしながら、ロシア側からの約束はいっこうに履行されないままである。

北方領土は、ロシアが自国の国益を守る（日本から資金を引き出す）ための政治カードなのである。〝悪の論理〟から言えば、北方領土を保有しているということは、

ロシアの約束には意味のない「北方領土問題」

北方領土問題とは……

- 日魯通好条約(1855年)により、択捉島とウルップ島の間を両国国境と確認。
- 樺太千島交換条約(1875年)により、千島列島をロシアから譲り受ける代わりに、ロシアに対して樺太全島を放棄。
- ポーツマス条約(1905年)により樺太の北緯50度以南の部分を日本領。
- ポツダム宣言(1945年)受諾後、日ソ中立条約を無視してロシアが北方四島を占領。
- サンフランシスコ平和条約(1951年)により、樺太の一部と千島列島を放棄。
- 日ソ共同宣言(1956年)により、歯舞群島及び色丹島については日本に引き渡すことについて同意。

ロシアにとって日本をコントロール下に置くことを意味している。

ロシア人にとって合意や約束というものは、何の意味も持たない。

二〇〇八年の一〇月に、フランスのサルコジ大統領がEU議長としてロシアのメドベージェフ大統領と会談し、グルジア紛争について、南オセチア自治州とアブハジア自治共和国を除くグルジア全土から一カ月以内に軍を撤退させることで合意した。ところが、この正式な国際合意は、一年以上たった現在でも守られていない。やはり約束はあっさり反故《ほご》にされてしまった。これはかの国の体質である。

衆院選で大勝した民主党の鳩山代表は、投票当日に行われた同じ記者会見で、ロシア紙の記者から「ロシアとの外交の基本姿勢は？」と聞かれて、「対話と協調だ」と答えている。これだけ約束を反故にされても、まだ交渉による決着を図ろうとするのはどういうことだろうか。

民主党にはこの問題を解決するつもりがないか、関心がないか、懐柔されているか、そうでなければ絶望的なほど政治センスがないかのいずれかだろう。いずれにしても、これでは日本の国益は守れない。

「世界観」なき日本の技術

日本も国益を守ろうと努力はしている。たとえば、わが国を支える輸出産業を守るために円安誘導するなど、国益を守る策をとっている。

たしかに、日本は戦後のどん底から、技術（テクノロジー）だけで大国にのし上がった。だからだろうか、「世界の中でどうやって生きていくのか」と問われると、「技術力で生きていくんだ」という人がかなり多い。このような意見は、技術畑でない人からも発せられることが多い。

むろん、テクノロジーは、使いようによっては文字通り「武器」になる。

私はいまイギリスに住んでいるが、この国にはイギリス人だったら誰もが一度は見たことのある『ズール戦争』（一九六四年、英制作）という有名な映画がある。

一九世紀の末にアフリカ南部に常駐していたイギリスの軍隊（実際はウェールズの部隊だが）が、現地で遭遇した未開の部族、ズールー族と戦った逸話をもとに映画化したものである。

その内容は、盾と槍しか持たない野蛮なアフリカ人に対して、マスケット銃で武装したイギリス軍が正々堂々（？）と戦うという、いまどきあり得ないような差別意識丸出しのものなのだが、イギリス人なら誰もが知っている映画である。

なぜイギリス人だったら誰もが知っているのかといえば、それは毎年の年末年始に放送する定番映画だからだ。さながら日本で言えば、『忠臣蔵』かベートーベンの「第九」のような存在である。日本人が何だかんだと言っても『忠臣蔵』が好きなのは、日本人の心に深く根付いた「忠義」という、何とも言えないヒロイックかつ悲壮的な思想がその琴線に触れるからだろう。

同様に、イギリスで『ズール戦争』が好まれるのは、「沈まぬ太陽」と称され、世界に君臨した大帝国の誇りを呼び覚ますからである。

そのイギリスの栄光をもたらしたのが、マスケット銃に象徴される「テクノロジー」だった。この銃があったからこそ、イギリスは世界の果てまで冒険に出かけて、現地人に遭遇すると、ときには銃で殺し、ときには薬を使って命を助け、テクノロジーを知らない現地の人々を畏れさせたり尊敬させたりして「コントロール」することができたのである。

そのイギリスを含むヨーロッパの文明国をしのぎ、二〇世紀に入ってから栄華をきわめたのが、アメリカである。アメリカの台頭もまた、テクノロジーによるところが大きい。

その一つの象徴が、マシンガンである。

ヨーロッパは職人の文化で、銃の機能性よりも美しさや機構にこだわっていた。しかし、一九世紀のアメリカでは大規模な産業化が始まっており、伝統にこだわらない徹底した合理主義による「生産性」という思想が生まれており、銃は人殺しの道具と割り切って、どれだけ効果的に敵を殺傷できるかが突き詰められていった。その結果誕生したのがマシンガンだった。

先住民がいっぱいいたアメリカ大陸は、少ない数で大量の敵を殺せるマシンガンは重宝した。大量破壊兵器のさきがけのようなものである。

そして、マシンガンが開発されたあとに起こった南北戦争では、歴史上かつてない大量の戦死者が出た。戦死者は南北両軍合わせて六〇万人ほどであり、第二次大戦時のアメリカ兵の戦死者（四〇万人）よりも多い。つまり、現在でも南北戦争というのは、アメリカにとって史上最大の戦死者を出した戦争であり、いまでもこれ以上の戦死者は出していない、史上最悪のものなのだ。

その進んだ技術力で世界を席巻したアメリカが、大国という地位を手に入れて世界に躍り出た。電気に電話、飛行機のように、アメリカでは最先端技術がどんどん開発され、それが世界の文明をけん引していった。

そして、次に台頭してきたのが日本である。日本の躍進もまたテクノロジーを背景にしたところが大きかった。テクノロジー面で有利に立った国が世界を席巻する。これは歴史の一つの鉄則であると言ってよい。

また、歴史的な事情も重要である。

欧米の近代人たちは、進んだテクノロジーを武器に世界の国々を植民地化してきたという、やや後ろめたいながらも、そう自負している部分は否定できない。こういう話はあまり表に出てこないが、実は彼らは「自分たちが進んだテクノロジーを持っていたからこそ世界を支配してこられた」と強く信じている部分がある。

ところが現在、彼らは「未開の非近代人たち」にテクノロジーの面で負け始めている。これは彼らにとって由々しき事態であり、脅威と言ってもいい。なぜなら今度はそのテクノロジーで、有色人種たちに仕返しされてしまうのでは、という感情が働くからである。ようするに、彼らは逆に「われわれは彼らのテクノロジーで支配されてしまう」と恐怖心を感じるようになる。

そういう意味で、やたらに性能のいい車や電気製品を作ってしまう日本は、他国から見れば、かなりの脅威な存在となる。

単純に言えば、テクノロジーで勝るということは、より強い武器を持てるということである。戦闘になったときには、戦術や兵の人数ではなく、基本的にはより高性能の武器を持っている側が勝ちやすくなる。これは脅威である。

実は、日本は自分たちが思っているよりも強く世界の人々から恐れられている。その原因は、日本が持つ高度なテクノロジーにある。

わかりやすい例は、ホンダの開発したロボット「アシモ」である。

日本人は、この一見無邪気そうなロボットを見ても、あまり特別な感情は感じない。「おー、すごいじゃないか、二足歩行でダンスも踊れて、お茶汲みまでできるのか」と感心するくらいのものである。

ところが欧米人たちにとっては、このロボットは脅威以外の何ものでもない。

日本人にとってロボットのイメージは「鉄腕アトム」であり、「ドラえもん」である。別に軍事目的があって開発しているわけではなく、あくまでも「人間みたいに動くロボットができたら素敵」と思っているから作っている。しかし、欧米人の中には、「あれを応用してロボット兵軍団をそのうち日本は作るに違いない」と考えてしまう人がけっこう多い。

たしかによく考えてみれば、アシモに銃を持たせたら「ターミネーター」が完成してしまう。「鉄腕アトム」とは正反対である。

つまり、それだけ進んだテクノロジーを持っていることは、彼らに脅威や畏怖《いふ》の念を発生させるとともに、うまく使えば大きなアドバンテージにつながるということになる。ところが残念なことに、日本は高度な技術を持ってはいるが、その技術を使って世界で何かをしていくための、視点や思想が決定的に欠けている。

テクノロジーだけがあってもだめで、それは単なるツールにすぎない。先ほど「戦略の七階層」でも述べたが、「それを使って何を実現するか」という「世界観」や「政策」がなければ、どんな高い技術もガラクタ同然なのである。

「世界観」を主張するのが苦手な国民性

日本には技術があっても、その技術を使って何をするか、というビジョンを描くのがどうも下手である。

日本人というのは、どちらかというと与えられたビジョンに対し忠実に従うことには最高の能力を発揮するところがある。これはいまに始まったことではなく、歴史上も同様で、国家レベルだけではなく企業や個人の生き方についても言える。「俺はこうしたい」、「わが社の目指すものはこれです」といった主張がどうも苦手。もうこれは、国民性だと言うしかない。

あえてほかの理由を探すとすれば、戦国時代が終わって平和な世の中が訪れると、外敵の侵入を警戒する必要がなくなってしまい、スケールの大きな世界観を持つ必要がなくなったことがあるかもしれない。

ところが、海外でもまれている日本人には、ちゃんと世界観を持っている人がかなりいる。その証拠に、海外で現地の人間と直接商売を行って日常的に切ったはったの渡り合いをしているような商社の日本人などの中には、かなり戦略感覚を備えた、しっかりとした世界観を持った人間を見受けることが多い。

つまり、日本人も環境さえ違えばいくらでも鍛えられるものであり、人間としてのポテンシャルの高い人は多いのである。このような感覚を持った人間を外交官などとして採用したりできれば、日本という国家も確固たる世界観を身につけることができる「可能性」は残されている。

技術は持つものではなく使うもの

日本はたしかにテクノロジーの分野で優れているが、これからの時代はむしろそのテクノロジーを使って「何をするか」ということがさらに問われてくる時代になってくる。

従来、テクノロジーの真髄というのは門外不出であり、第三者が容易に知ることはできなかった。江戸時代の種子島で、漂着した中国船に乗っていたポルトガル人商人によって、はじめてわが国に鉄砲が伝えられると、その価値にいち早く気づいた当主種子島時堯《たねがしまときたか》は、二丁の鉄砲を二千両という大枚をはたいて購入した。

現在の貨幣価値に換算すると約一億円という大金なのだが、時堯はさっそく鍛冶屋《かじや》の八板金兵衛に鉄砲の模倣を命じて、量産しようとしたのである。

ところが、当時の日本には、鉄砲作りにどうしても欠かせないネジの技術がない。作り方がわからず思い悩んだ末、金兵衛は一人娘のわかさをそのポルトガル人に嫁がせ、娘を通してネジの技術を聞き出し、鉄砲を完成させた。それほどまでに技術というのは得難いものだった。

ところが、近代になると、技術は瞬く間に世の中に普及するようになった。グローバルで製品を調達するようになったことで、技術の流動性が格段に高まり、各国間の格差が是正され、国際間でそれほど大きな技術差が出にくい時代になった。その証拠に、家電製品分野では、すでに日本製品と、台湾、韓国製品の差はほとんどなくなっている。

そもそもテクノロジーは非常に科学的なものなので、再現性がきわめて高い。工作機械と原材料さえ入手できれば、ある程度の品質のものなら誰でも作れてしまうようになった。ということは、技術を持っていることそのものより、それをどう戦略的に使うか、ということのほうが大事になってきたと言える。

たとえば、太陽光発電装置という製品で見ても、技術力ではおそらく日本が一番だろう。しかし、世界でもっとも太陽光発電量が多いのは日本ではない。

発電量は、いまはドイツがナンバーワンで、近い将来アメリカが一位になる。オバマ大統領が、経済回復の一環として「グリーン・ニューディール政策」を打ち出しており、不況対策の一環として大幅に予算を組み、世界最大の太陽光発電施設を設置する計画を進めている。

日本は太陽電池パネルの製造量の国家ランキングでは長らく世界第一位だったが、

それもすでに中国に抜かれており、いずれアメリカにも抜かれて日本は三位になる。技術が抜かれたわけではない。大事なのは生産と、それを使って実際にどれだけの電気を起こせるかである。

【二〇〇九年の太陽電池セル生産能力は一七GW、ファーストソーラーが首位に……ディスプレイサーチが予測（『Tech-On!』二〇〇九年八月一七日付）】

赤坂麻実……市場調査会社の米ディスプレイサーチ社は二〇〇九年の太陽電池セルの世界生産能力が前年比五六％増の一七GWに達するとの予測を発表した（発表資料）。

二〇〇八年一月から二〇〇九年七月までに増強された生産能力は一一・四GWという。今後二〇一三年まで太陽電池セルの世界生産能力は年平均四九％で成長し二〇一三年には四二GWまで拡大すると同社はみている。一方で二〇〇九年の太陽電池モジュールの世界需要は前年比一七％減と予測。需要が上向くのは二〇一〇年からとみる。

地域別には二〇〇六年には日本が世界最大の生産量を誇ったが二〇〇九年の設備投資額では中国が世界の三分の一を占める見込み。将来は中国が世界最大の太陽電池セル生産国に成長するとディスプレイサーチ社は予測する（中略）。

メーカー別には二〇〇九年の太陽電池セル生産能力で首位に立つのは米ファーストソーラーという。同社は一GWを超える生産能力を備え、ドイツQ-Cells SEや中国サンテックパワーを大きく引き離すとディスプレイサーチ社はみている。

なお二〇一三年の生産能力シェア上位一〇社の顔ぶれは、この三社に加えて中国JAソーラー、台湾ニーテックインダストリー、ノルウェーRECソーラー、米サンパワー、中国ヤングリーンエナジー、昭和シェル石油、シャープと予測した。


かつて圧倒的に首位を誇った日本のメーカーが、アメリカと中国の会社にどんどん抜かれている。

アメリカや中国は、まず自然エネルギーの世界で覇権を握ろうとしている。それには技術力というのはかならずしも必要条件になるわけではない。あればあったでいいが、なければ他国の技術を借りてくればいいだけの話である。

アメリカは京都議定書の批准に及び腰だったし、中国は環境よりも開発と経済発展が優先されるお国柄である。それがなぜ環境分野で存在感を表しているのかと言うと、環境関連技術はお金になるし、国際的な発言力も増すということに気付いたからである。そのため、日本のメーカーが半世紀もかけて築いてきた地位をあっさりひっくり返してしまった。

国家の戦略にとって、技術は非常に大事なファクターではあるが、その技術を使いこなす世界観や戦略がないと、それらがまったく生かされてこないのである。

革新的な技術発明が苦手な日本人

アメリカという国は、歴史的に見ても、時代を象徴するような国家プロジェクトをぶち上げて国をけん引していくのがうまい。

四〇年代のマンハッタン計画、五〇年代における遠距離早期警戒網（The DEW Line)、六〇年代のアポロ計画、八〇年代のSDI構想（スターウォーズ計画)、九〇年代の情報ハイウェイ構想など、アメリカは数々の国家プロジェクトを掲げてきた。

七〇年代をのぞけばほぼ一〇年のスパンで、アメリカ政府は国民の意識が一つになるようなわかりやすい目標を掲げ、国家予算を大胆に投入して、一つの時代を築いている。

では、次の二〇一〇年代にアメリカが打ち出すシンボリックなテーマは何かというと、一つは環境であるが、実際に力を入れているのは、実はロボット技術である。

アメリカが掲げるシンボリックなテーマは、どちらかというと民生技術ではなく、軍事技術に偏っている。その意味で、グリーン・ニューディールよりもロボットを真の次世代産業として期待している節がある。その証拠に、アメリカは国防高等研究計画局、いわゆるダーパ（DARPA）と呼ばれるロボット技術をはじめとする最先端技術の開発研究機関に対して、年間三〇〇〇億円以上の予算をつぎ込んでいる。

日本の場合は、中小企業の技術者や大学の研究者たち、チームや個人で一所懸命がんばって世界を驚かす発明をしている。その点ではまさに驚異と言えるが、アメリカが国家の総力を挙げて取り組んできたらさすがにかなわない。早晩アメリカは日本の民生用のロボットテクノロジーを覆してしまうのかもしれないし、むしろ軍需面でのロボット技術は日本のはるか先を行っているという指摘もある。

日本が主に優れているのは、手先の器用さとか、技能的なレベルの高さである。これはこれで、一つの大きな武器であることは間違いない。

たとえば、同じマシンガンを作るのでも、日本はどこの国より高性能のマシンガンを作ることができるだろう。したがって、マシンガン同士で闘う場合であれば、日本は常に優位に立つことができる。これは日本の大きなアドバンテージである。

ただ、相手がマシンガンなど目じゃない新しい武器を持ってきてしまえば、マシンガンの少々の性能や精度の違いなどは消し飛んでしまう。

何度も言うが、技術は大事である。しかし本当に大事なのは、「それを何のために、どう使うのか」という思想や方針のような、ソフトな部分なのである。

日本はアメリカや中国の「下請け」となる

アメリカや中国など戦略に長《た》けた国は、時代を読み、国家戦略として「いまこういう技術が必要だから、なんとか手に入れよう」というところから入る。もしその技術がなければどこかに下請けに出す、あるいは技術を持っている人や会社を買収してしまえばいいと割り切って考えている。

なぜなら、彼らは技術そのもののようなハード面も大事だが、それよりも大事なのは「技術で何をするか」というソフト面であると考えるからである。つまり、彼らは戦略の階層でたとえれば「トップ・ダウン方式」で考えている。

一方、日本は手先が器用で技術開発に熱心なので、作業を突き詰めた結果としてすごいものができてしまうのだが、「すごいものができたけど、さて、これをどうしようか」というようになる。これはまさに「ボトム・アップ方式」であると言える。

国家としての戦略があれば、すぐれた技術者や研究者に予算をつけて、その卓越した発想と技術で画期的な技術を開発させ、他国の追従をゆるさない圧倒的な地位を築ける可能性があるのに、悲しいかな、日本の政府や行政にはそういう発想がない。せいぜい、補助金を出したり、金融機関から融資を得られやすくしたりするくらいしかない。これは「ボトム・アップ方式」の弊害である。

こんなことをしていたら、せっかくの技術が海外の企業にどんどん買われてしまう。そして実際のところ、中国系の企業が日本の企業の買収に本格的に乗り出してきている。

【中国系企業による日本企業の買収例（財団法人海外投融資情報財団資料より）】

・嘉楽グループ＝チャレンジグループ（兼松グループ）を買収（二〇〇一年八月）

・広東美的集団＝三洋電機からマイクロ発振器（電子レンジの基礎技術）の営業

譲渡を受ける（二〇〇一年一〇月）

・上海創斬達熱交換器＝鈴木接点工業から精密プレス加工技術（自動車の基礎技術）を譲渡される（二〇〇二年一二月）

・三九企業集団＝東亜製薬を買収（二〇〇三年）

このほかにも、上海電気グループが二〇〇一年に印刷機の老舗メーカー秋山印刷を、そして二〇〇四年には工作機械の池貝を買収している。そして二〇〇九年、中国の家電販売大手・蘇寧電気が、日本の家電販売会社のラオックスを買収したことも記憶に新しい。

やや古いニュースだが、こんな話まである。

【米社が新ビジネスで買収した日本の中小企業を中国移転（『読売新聞』二〇〇二年一一月一二日付）】

米国の投資ファンドが日本の中小企業を買収し、中国に移転させるビジネスに乗り出すことが一一月六日、明らかになった。日本企業は相次いで中国に進出しているが、中小企業の中には高い技術を持ちながら中国に進出する資金がなかったり、経営難や後継者不足で存亡の危機にあるところも多い。こうした企業を買収して人件費の安い中国に移し、高い技術で安い製品を作る企業に再生させる。

買収に乗り出すのは米国の中堅投資会社「トライスター・インターナショナル」（本社・ロサンゼルス）。日本のM&A仲介会社「エムアンドエージャパン」（本社・東京）と提携、米国の投資家から集めた資金を使って日本企業の買収を進める。

当面は部品や金型、成型加工などで高い技術力を持つ年商一〇～五〇億円規模の中小メーカーにしぼって買収。買収した企業は中国企業に売却したり、中国企業と合弁で新会社を作る。買収された日本企業の工場の設備や製造技術はそっくり中国に移管され、ノウハウなどの技術指導は日本企業の担当者が行う。

中国は単に、企業による純粋な経営戦略のために日本企業を買収しているのではない。その背景には、国家戦略として「日本の持つすぐれた技術を手に入れる」という「トップ・ダウン方式」の意図がある。

本来、基礎技術分野は国家の礎《いしずえ》である。ことに、技術が唯一最大の売りの日本にあっては、基礎技術産業は国家として保護しないといけないのに、みすみす中国にとられてしまっている。

もうこうなれば日本は下請けになるしかない。

アメリカや中国をクライアントに「こういうものを作ってくれ」という発注を受けて、一所懸命に開発する。どこにも真似できないようなすごいものを作ってしまう。しかし、それを使って儲けるのは、アメリカや中国の企業である。

本来ならば、日本がそうした技術を使って世界をリードできるのに、使い方を知らないために、いいように使われてしまうのである。これは「トップ・ダウン方式」にものが考えられない日本の悲劇であると言えるのであり、このままでは「将軍」ではなく「下士官」、「社長」ではなく「中間／現場管理職」として生きていく定めとなるだろう。

以上、世界観を持つことの重要性と世界観のない技術は国益を守ることができない理由を述べてきた。〝悪の論理〟を知るうえでは、こうした世界観のうえに成り立つ他国の戦略を知らなければならない。そして、日本も強固な世界観を持たなければならない。

このような前提で地政学を見ていくと、われわれの進むべき道も見えてくる。次章では、その地政学について考えていくことにしよう。

第3章 世界の常識「地政学」とは何か

「自国を守る」という当たり前の発想から「地政学」は生まれた

そもそも、地政学とはどのようにして起こったのか、その起源は定かではない。ただ、学問として体系化される前から、一つの視点としての地政学的な考え方は存在していた。

古代の昔から人は戦争をするのでも、通商をするのでも、外交にしても、実際に人が行き来していたわけだから、人間が物理的に移動できる距離、戦場の地形、相手国と自国の領土特性の比較などの要件を自然と考えるようになる。そこから、ある程度、自国にとって有利になるパターンがセオリーとして受け継がれていったことは想像に難くない。

それらが一つの理屈として体系化され、歴史上で最初に地政学的な考え方を表したのは、古代インドの名宰相と言われたカウティリアである。

彼の著書『実利論』は、王に対して「いかに世界を支配するか」ということを指南した内容を書き記したものであるとされている。そこには諜報作戦や、女スパイの使い方、毒薬の調合の仕方など、なかなかどうしてえげつないことが書いてある。

そして、この著書の中で、隣国との関係性を地理によって規定し、外交政策を指南している。いわく、「隣国に攻め込まれないためには、その隣国の反対側にある国と手を結びなさい」と書いてある。

87ページを参照してほしい。国が領土を広げようとするときに、通常は自国から遠く、道も通じていない飛び地をわざわざ攻略することはない。隣国から徐々に攻略して国土を拡大していくのが当たり前だ。だから、隣国との関係は常に緊張している。

この均衡を破るには、相手の国力を圧倒的に上まわることしかない。そしてそのためには、殖産興業を掲げて国を強くする方法と、もう一つ、とても簡単で現実的な方法がある。

それは、「第三国と同盟を結ぶこと」である。その場合、「敵の敵」を抱き込むのが手っとり早い。すなわち、それが敵国と国境を接する隣国であり、自国とは国境を接しない反対側にある国、というわけである。

時代は移って、地理によって戦略を論じた古典といえば、孫子《そんし》の『兵法』が挙げられる。この書物は一三編からなり、戦争を始める前に考慮すべき事柄から始まり、準備、用兵、作戦、戦闘、謀略、火責め、諜報など、微に入り細をうがち、こと細かい指南がされている。この中で、「地形編」も出てくる。地理的条件における戦略論を確立したものだと言えるだろう。

ただし、現在の地政学と呼ばれるものは、戦場における戦闘理論というよりは政治的な外交などを含む、もっと視野の広い概念を扱っている。


時代は移り、古代文明の中で脈々と息づいていた地政学が、近代的な戦略理論として花開いたのはドイツだった。

まだプロイセン王国だった一八七一年、ナポレオン三世時代のフランスと戦争になったドイツは、当時の大帝国フランスに圧勝してしまう（普仏戦争）。鉄血宰相と呼ばれた名君ビスマルクや参謀長の大モルトケを擁し、前々から戦争に備えてフランスへと延びる線路を六本も作り、兵站《へいたん》を確保するなど、この勝利は用意周到な準備のたまものだった。

この闘いに勝利したプロイセンはドイツ帝国と名前を変え、一気に国力を増大させ、欧州の列強の一角に躍り出ることになった。

その鮮やかな勝利の裏には体系的な地理の知識があると知ったヨーロッパの国々が、盛んにドイツ式の地理を研究するようになった。これが近代の地政学研究の始まりである。

自国を守るためには、隣国の隣国と同盟を結ぶ

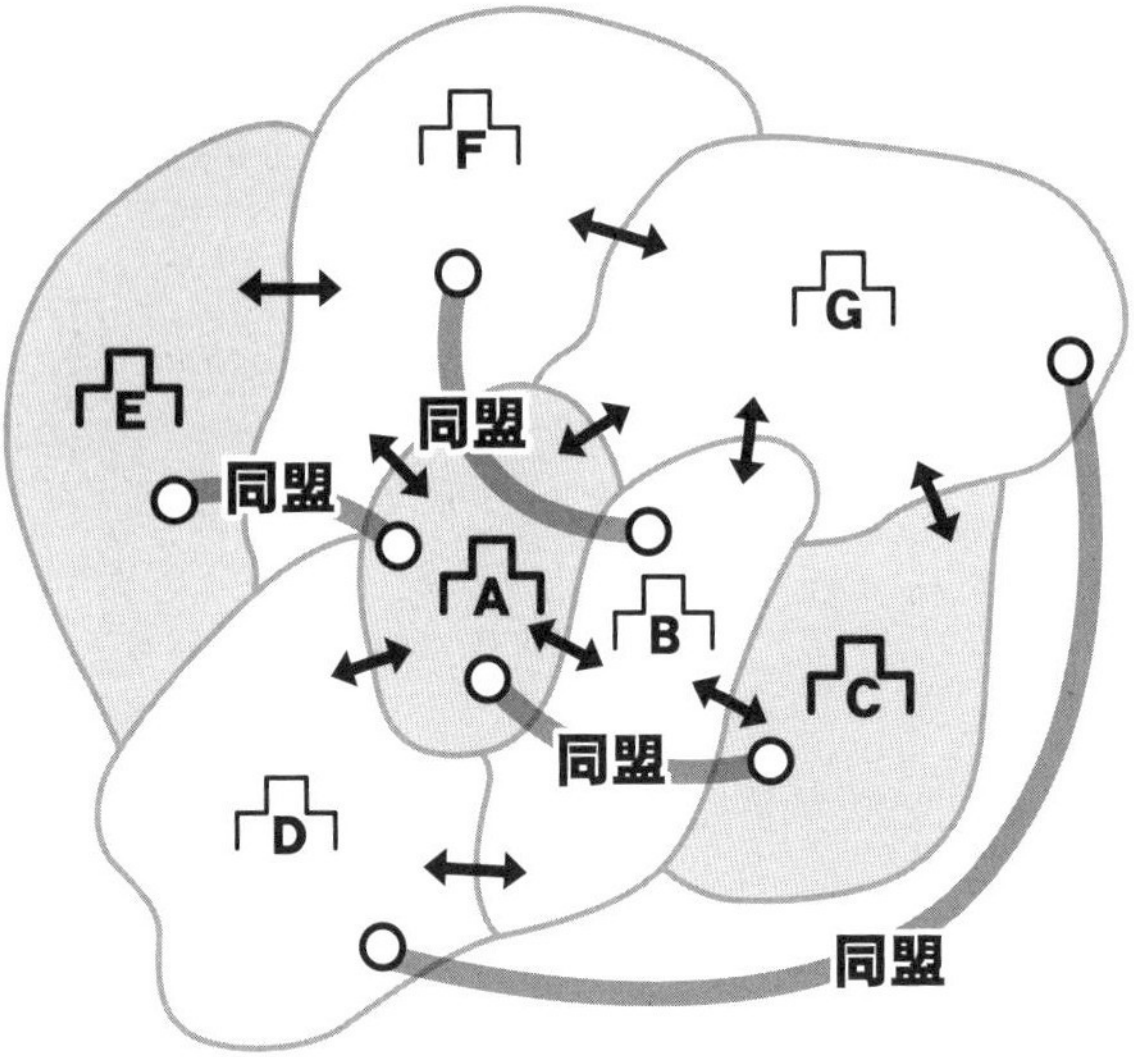

自国を守るには……

昔から隣国との関係は緊張を生む。たとえば、四方を他国に囲まれているA国は、他国を圧倒的に上まわる国力があるか、そうでなければ、隣国の隣国であるC国やE国と同盟関係を結んで、隣国であるB国やF国から攻め込まれないようにしなければならない。

では、島国日本の隣国の隣国、同盟を結べる国はあるだろうかと考えることが重要になってくる。

その後、ヨーロッパ中で地理学を「国家のための実践的な学問として活用しよう」という機運が高まった。そのような中で、地理を「地政学」という理論としてはじめて体系化したのが、後述するイギリスの地理学者マッキンダーという人物だった。

そして彼の理論が再びドイツに渡り、第二次大戦ではヒトラー率いるナチス・ドイツが地政学を「ドイツ地政学（ゲオポリティーク）」として悪用し、大敗北をしたおかげで、近代の地政学の歴史はひとまずここで幕を下ろしたかに見えた。

ところが、戦勝国となったイギリスやアメリカは、このドイツ地政学の主犯格だった人間を尋問。ナチスの世界戦略の背景には地政学があったとみて、ひそかに研究を始めたのである。

それ以降、地政学はアメリカでさらなる発展を遂げており、彼らの世界戦略の議論の伝統の中に脈々と受け継がれ、いまも活用されている。

世界の覇権は「海《シー》」VS.「陸《ランド》」の興亡の歴史である

普仏戦争時代、地政学はまだ生まれておらず、地理学の知識が作戦づくりに活用されて、地政学の源流を形成しつつあったにすぎない。そのころは地政学という名前すらなく、それは「理論」のようにまとまったものというよりも、実際に戦場で使われる「ノウハウ」のような段階でしかなかった。

そのノウハウが、ヨーロッパの中で研究の対象となり、学術的な考察が進んでいく中で、イギリス人のハルフォード・マッキンダーが画期的な理論を打ち立てた。それが「新地理」という名前で呼ばれた「地政学」である。

ところが、この地政学が生まれる伏線として、まだその当時は新興国であったアメリカに、一人の歴史家が、きわめて重要な役割を果たしている。それがアルフレッド・マハンである。

マハンといえば、日本史の好きな方であれば、日露戦争の日本海海戦の作戦を立てたことで知られる秋山真之《さねゆき》参謀の、いわば先生のような存在であるということはご存じかもしれない。マハンはアメリカの海軍士官であり、日露戦争の前には新しくできた米国海軍大学の学長をつとめていて、そこに秋山が勉強しに行ったというエピソードは有名である。

マハンは海軍士官でありながら多くの著作を残しており、海軍史や戦略思想家として有名なのだが、地政学の理論においても重要な理論を一つ確立している。

まず地政学の大きな特徴の一つとして、ものごとを非常に大きい観点から単純化して見るということがある。歴代の地政学者は、「人間の歴史とはそもそもどういうものなのか」というところから理論を起こしていった。

そしてその理論を構成する一つが、マハンが主張した「人類の歴史はランドパワー(陸上勢力)とシーパワー(海上勢力)の闘争の歴史である」という、いわば「世界観」である。

マハンやマッキンダーの時代にはすでに、「人類の歴史とは生存を求めた戦いであり、国家はそれ自体が生命体のような有機的なものであり、生存圏の拡大を求めて際限なく拡大していこうとするものである」という理論が確立されていた。いわゆる「社会ダーウィニズム」をベースにした地理観である。

マハンはこれを下敷きに、人類の歴史とはすなわち、ランドパワーが海に張り出して拡大しようとする力と、それを抑え込もうとするシーパワーの闘いの歴史だというように、単純な「パワー論」という形で見せた。

93ページの図を見ていただきたい。この場合のランドパワーの「陸」とは、ユーラシア大陸のことを指す。

ここに、地球人口の八割が住んでいる。人間のエネルギーそのものがパワーであり、このパワーは、一人ひとりの人間がどう考えるか、どう行動するかにかかわらず、結果的に人々のエネルギーの集合体がどんどん「陸」の外の世界、つまり、外海に出て行こうとする力が働く。

ランドパワーが「海」に向かうと、シーパワーを有する国、つまり、当時の海洋国家であるイギリス、フランス、スペイン、ポルトガルなどの国が自らの権益を侵されるので、ここでパワーの衝突が起こる。

ランドパワーは富を求めて「海」に出ようとする。シーパワー側は自分たちに富をもたらす「海」に出てこられては困るので、これを叩こうとする。人類の歴史はつまり、その「陸」と「海」の勢力のせめぎ合いの歴史だとマハンは喝破したのである。

ここから導き出された重要な分析が、「いかなる国家もランドパワーとシーパワーの両方を兼ねることはできない」とする仮説である。

ランドパワーは常に外洋に出ようとするが、あまり海洋に出すぎるとかならず手痛い反撃を食らう。シーパワーも同様に、内陸に入り込むと絶対にうまくいかない。

日本もかつて中国大陸に進出し、沿岸部を制圧したまではよかったが、さらに深く内部に侵食しようとして自滅した。かつての大国、オスマントルコもローマも、モンゴルも、ユーラシア大陸に大帝国を打ち立てたが、外洋に出ていこうとして崩壊している。

このことから、「世界は、ランドパワーの大国が制覇してしまうことも、シーパワーの国が制覇してしまうこともなく、押したり押されたりを永遠に繰り返す」という理屈が成り立つ。

また、地政学の重要な柱となる「バランス・オブ・パワー」（勢力均衡）の理論と実践的な政策を、マハンが再確認させた功績は大きい。なにせ、一八九〇年にマハンが著した『海上権力史論』で展開したアメリカの戦略プランが、そっくりそのままいまのアメリカの世界戦略の下敷きとして使われているほどだからである。

その方針をかいつまんで言うと、シーパワーのアメリカは、ランドパワーが海洋に出ようとする力をそぐために、内陸の国々を外洋からコントロールし、それぞれの国同士のパワーバランスを均衡させることである。

実はこれは、マハンがイギリスの戦略史を研究する中で発見した「イギリス・モデル」とも言える。イギリスは海を制したことで何世紀にもわたる繁栄を築いている。だったらアメリカも、海洋国家で島国のイギリスのやり方を真似ようと考えたのである。

アメリカの世界戦略に使われている マハンの「バランス・オブ・パワー論」

バランス・オブ・パワー論とは……

アメリカはシーパワーの島国であるという考え方から、ランドパワーに対して外洋からコントロールして、勢力が海に向かってこないようにした。2つのパワーを均衡させる、これがバランス・オブ・パワー。

そのため2つのパワー、とくにハートランドに近い内側の部分（マハンは「議論すべきであり、議論されてきた地帯」と呼んでいる）で「文明の衝突」が起こっていることを提唱した。

帝国時代のイギリスは、それとは認識しないまでも、地政学的な戦略を巧みに利用していた。その方法とは、ランドパワーが海に向かって出てこないように、内陸の国々に対して、軍事、政治、経済のあらゆる手を使って取り入り、互いを離反させ、結託させないように巧みな工作をすることである。これが、バランス・オブ・パワーの基本である。

一九〇〇年前後の当時はまだ、新興国だったアメリカは、世界に覇を唱える方法として、このイギリス・モデルを踏襲した。そうして、マハンが提示した通りに、ハワイ、パナマ、グアム、フィリピンなど、環太平洋の要衝に海軍基地を設置し、そこから、ランドパワーに対して分断工作を仕掛ける戦略を実行に移した。

果たして、海洋を制したアメリカは世界貿易で頭角を現し、またたく間に超大国へと駆け上がっていった。

いまにいたるも、アメリカ本土は軍事攻撃を受けたことがほとんどない。それほど、マハンの戦略理論は先見性に満ちあふれていたと言える。

「海」VS.「陸」の時代は交互に繰り返される

マハンの「陸と海のせめぎ合い」という世界観を継承しつつ、ドイツをはじめとするヨーロッパで発展していた地理学の知識と、歴史学の知識を統合して完成したのが、ハルフォード・マッキンダーの「新しい地理学」、つまり「地政学」の理論である。

海軍提督であり、その理論はどちらかと言えば単なる歴史をベースにしていたマハンとは対照的に、マッキンダーは生物学から法律学、それに地理学や歴史など、実にさまざまな知的背景を持っており、学者だけでなく弁護士になったり政治家にもなったりと、豊富な体験や知識を総動員して、地政学を理論的に体系化している。

マッキンダーが「世界は閉鎖された政治システムになった、クローズド・ワールドになった」と主張したことはすでに述べた通りだが、彼はこの考え方にマハンの「陸と海のせめぎ合い」という観点を入れつつ、さらに長期にわたる歴史知識をブレンドして、一つの世界観を作り上げた。

これが、ユーラシア大陸の中心部にあり、海からアクセスできない地域である、「ハートランド（心臓地帯＝世界の中心をなす地帯）」を中心とした地理観である。

マッキンダーは、すでに述べたようにマハンの「陸と海のせめぎ合い」という世界観を継承したのだが、マハンとは違ってここで大胆に、世界史を三つの時代に分けた。

それは、

①ランドパワーが有利な時代（一〇〇〇年～一五〇〇年）
②シーパワーが有利な時代（一五〇〇年～一九〇〇年）
③ランドパワーが有利な時代（一九〇〇年～）

というものだった。

そして彼はヨーロッパの歴史は、ユーラシア大陸内部のハートランドから攻めてくる勢力に対抗してきた歴史なのであり、結局のところ世界史というのは、「ハートランドから攻めてくる陸側の勢力」と、「それに対抗する海側の勢力」によって形作られてきたものであり、それぞれの勢力が優勢な時代が交互にあらわれた、と主張したのである。

これを地理的に言いかえれば、「ハートランドが歴史の中心軸」ということになる。

そしてこの論を唱えた一九〇〇年初頭、マッキンダーは、「これからはランドパワー

陸と海のパワーが衝突する、マッキンダーの「ハートランド理論」

ハートランド論とは……

地政学の「開祖」とされるマッキンダーは、1904年に「人類の歴史はランドパワーとシーパワーによる闘争の歴史である」という仮説を立てた。

彼の分析は「ハートランド」というアイデアから始まる。

1800年代はスペイン、ポルトガル、イギリス、フランスなどの海洋国家の時代だった。

しかし、1900年代に入りドイツ、ロシアなどのランドパワーが席巻する。彼の「ハートランド論」はこのランドパワー台頭期に発表された。

彼の仮説は、冷戦時代の米ソ対立や、現在のロシア周辺地域の分析に活用されている。

が優勢になる時代だ」と予言した。

ランドパワーとシーパワーの攻防は、その性質上、押したり押されたりの歴史を繰り返す。その意味では、一五〇〇年代から一八〇〇年代末までは、まさにシーパワーの時代だった。

当時はいわゆる大航海時代である。海を制したものが世界の富を制した。なぜなら当時の輸送においては、陸上よりも海上のほうがはるかに素早く効率もよい。価値の移動がしやすいからである。

マッキンダーはこの時代を「コロンブス時代」とし、その前後の時代を、それぞれ「コロンブス前の時代」、「コロンブス後の時代」と名付けている。

ところが、一八〇〇年代後半になると、鉄道建設が盛んになり、陸上交通が急速に発達する。海上輸送に勝るとも劣らない輸送能力を手にしたランドパワーの、外洋に出ていこうとする力と貿易力が上まわるだろうとマッキンダーは予想した。

そして、実際に一九〇〇年ごろを境に、イギリス、フランスなどの海洋国家は衰退へと向かい、代わって、ドイツ、ロシアといったランドパワーが席巻する時代に突入し、ドイツの躍進、共産主義革命の台頭の時代に入る。

ところが二〇世紀の後半になると、今度は逆にシーパワーの時代に戻ったかに見えてきた。なぜなら貿易国として成功したアメリカと日本が、世界の富をわがものとしたからであり、海上交通の発達に加えて、飛行機が登場し、「エアパワー」も加わったからである。つまり、マッキンダーの予測は当たらなかったことになる。

このように、交通技術の発達によって、地理的な概念が変わるとともに、ランドパワーとシーパワーの時代が交互に繰り返す性質がある。その意味で、現在はシーパワーの有力国であるアメリカと日本が衰退しつつあり、再びランドパワーの時代が訪れようとしている、歴史的な転換点にあると言えるのである。

これはある意味で、マッキンダーの予言がとうとう実現しつつある、と見ることもできる。

アメリカで国家の戦略体系として完成した地政学

マハンが地政学の基本的な世界観である「陸と海のせめぎ合い」ということを主張したことはすでに述べた通りだが、アメリカにはもう一人、地政学の歴史で重要な人物がいる。

第二次世界大戦のころに活躍したニコラス・スパイクマンである。

彼はマッキンダーのハートランド論と、マハンのシーパワー論と並んで、「リムランド」という重要な概念を提示した。

ユーラシア大陸こそが人類の中心地であり、最大のエネルギーがこの中にあると言ったのがマッキンダーだが、実際に地図を広げてみるとわかる通り、ユーラシア大陸の本当の中心地帯は、不毛の砂漠地帯と険しい山岳地帯に覆われており、人はあまり住んでいないし文明も栄えていない。

そして都市が栄えているのは、すべて海岸線から二〇〇キロ以内の沿岸部で、降水量もある程度あり、農業や商業の盛んな人口の多い地域であることに気付いたスパイクマンは、大陸の淵部分、すなわち「リムランド」こそが、もっとも重要な地域だと説いた。

地図にすると、ヨーロッパ半島から地中海沿岸を通って中東、中央アジア、東南アジア、東アジアにいたる三日月形の地帯に当たる。

実際に、世界の大都市のほとんどがこの中に含まれ、人口も集中している。海上輸送がいまだに物流の九〇%を占めている中で、拠点となる港を持っている地域が発達するのは当然のことと言える。

都市の繁栄はハートランドではなく、「リムランド」からだった

リムランドとは……

それまでハートランドのランドパワーと外洋のシーパワーの衝突であったが、実は文明や都市の繁栄は陸でも海でもなく、大陸の沿岸部で興っていることを提唱し、この緩衝地帯を「リムランド」と呼んだ。

リムランドには、中国、インド、西ヨーロッパ諸国が含まれるが、アメリカ、イギリス、日本、ロシアは含まれていない。スパイクマンの核心は「リムランドを制するものがユーラシアを制し、ユーラシアを支配するものが世界の運命を制する」という言葉に表れている。

こうして、地政学上の重要な観点である、ハートランド、リムランド、オフショア・アイランド（沖の諸島）という三つの地域概念と、それぞれの関係論が完成したのである。

「いかに他国をコントロールするか」が地政学の目的

ハートランド、リムランド、オフショア・アイランドという三つの地域概念とそれぞれの関係性がわかったところで、では、その中で自国としてはどのような戦略を構築していくか。これが地政学の真骨頂の部分となる。

国家はそれ自体が生命体であり、際限なく拡大しようとする性質を持っている。その際に、なるべくリスクをかけずに、なるべく大きなリターンを得るにはどうしたらよいかを考えることである。

その観点からすると、実は相手国を打ち負かして自国領に組み入れるのは、リスクが大きいうえに得るものも少ない。したがって、近代の地政学で重視されているのは、相手を打ち負かすのではなく「コントロールすること」にある。そこで狙われているのは、どぎつい言い方をすれば、自国に歯向かってこないように牙を抜き、自国の製品や債権を買わせたり、原材料を安く調達したりできる関係を築くことなのである。

細かい部分を語り始めると際限がないのでポイントに絞って述べると、地政学のコントロールにおけるもっとも重要な概念は、「チョーク・ポイント」と「バランス・オブ・パワー」の二つである。

「チョーク・ポイント」というのは、簡単に言えば「関所」のことで、人や物が動く際にかならず通らなければいけない、ある一定の狭まったポイントを指す。そして現代の地政学では、一般的に海の通り道にある「関所」のことを「チョーク・ポイント」と言う。

たとえば、もし日本のような島国が、海の外からユーラシア大陸の中にある国家をコントロールしていこうとするならば、彼らを分断し、結束させないように工作しなければならない。

ところが、いくら軍事力を持っていても、広いユーラシア大陸全域をくまなく監視しながらその全域をコントロール下に置くのは、コストと労力がかかるわりにロスが大きく、きわめて効率が悪い。

しかし、グローバル化した現在でも海の通り道は重要なので、陸上にあるユーラシア全域を監視するのではなく、人間や物が移動する際に、どうしても通らざるを得ない海上の重要ポイントだけしっかり管理しておけばいい、という考え方になる。その海の交通路が狭まったり集まったりするところが、「チョーク・ポイント」ということになる。

世界には、主なチョーク・ポイントが全部で九カ所から十一カ所ほどあると言われている。

しかし、本当にコントロールしなければならない決定的に重要なものは、パナマ運河、スエズ運河、マラッカ海峡など、ほんの二、三カ所しかない。

ここだけを監視し管理しておけば、世界の政治に莫大な影響力を及ぼすことができるようになり、これによってユーラシア大陸のランドパワー国家を、ある程度は「コントロール」することができるようになる。これを過去に実際に行っていたのがイギリスであり、それを受け継いだのがアメリカである。

次に「バランス・オブ・パワー」だが、地政学で重要なのは、外海に出ていこうとするランドパワーの国々が力を持ちすぎないようにコントロールし、それらの国同士が結託してシーパワー側に歯向かってこないように、勢力の均衡を図るということである。

世界の関所、チョーク・ポイント

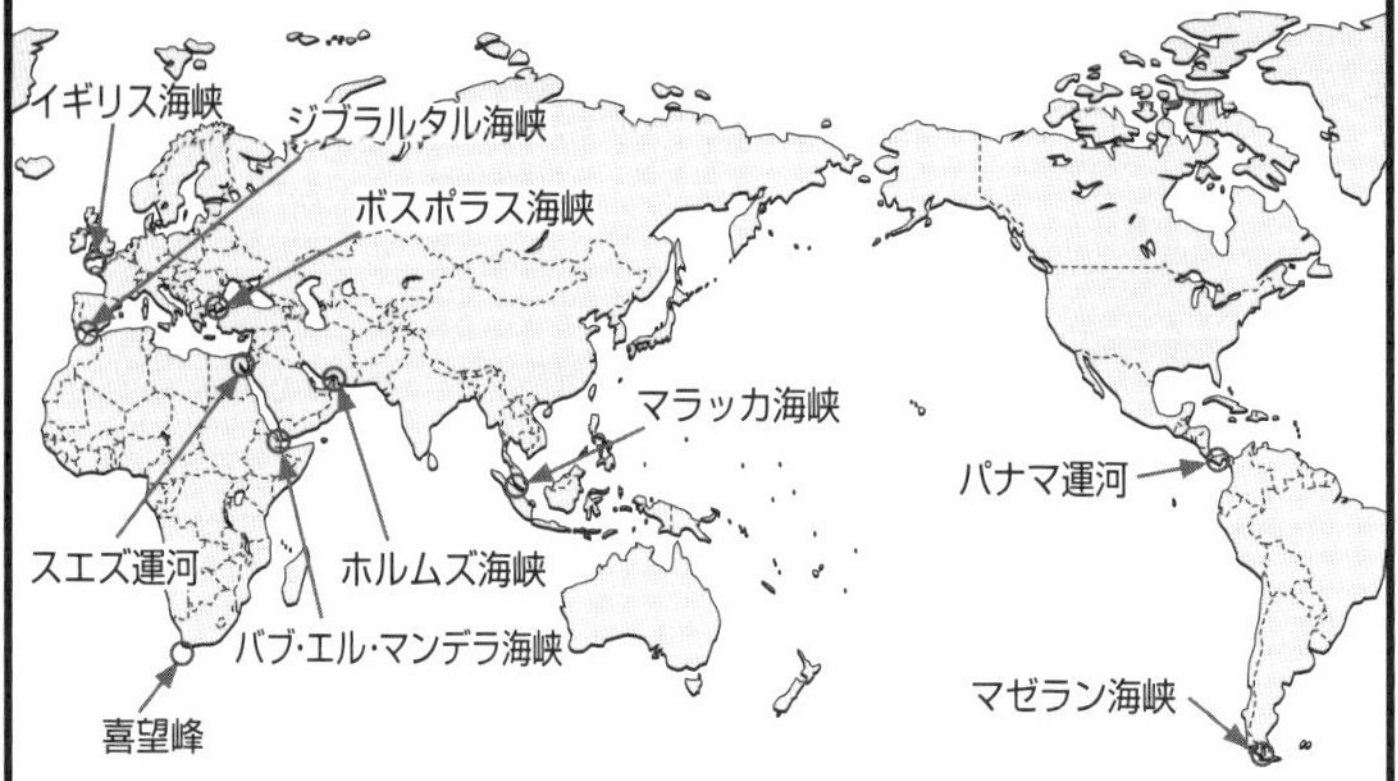

チョーク・ポイントとは……

チョーク・ポイントはマハンが「バランス・オブ・パワー」とともに提唱したもので、海上交通の多い海峡のような重要な場所だけコントロール下に置くというもの。

マハンはこのチョーク・ポイントが世界中に7カ所あると言ったが、現在ではその数が増えており、アメリカ国防省の文書などでは十数カ所あると指摘されている。

この際に重要なアイテムになるのは主に軍事力である。しかし、近年は安易に軍事力に頼らず、経済や文化などのソフトパワーを利用する工作が重要視されるようになってきている。

日本で言えば、本来なら、中国、ロシア、韓国、北朝鮮を工作によって分断させるということになる。それなのに、逆に中国、韓国、北朝鮮を「反日」で結託させてしまっている。

また、ロシア、中国、韓国、台湾を、やはり領土、領海の領有関連の問題で結託させてしまっている。これは地政学上、非常にまずい状態と言える。

本来なら、外洋にいて経済力も技術力もある日本は、それぞれの国と適度な距離を保ちながら生きていけるだけの余裕がある。よって、それなりの海軍力を維持しながらランドパワーの国々を翻弄してもよさそうなものだが、逆にいつもやられっぱなしである。

つまり、日本は有利な位置にいるのに、その立場を生かせていない。戦略やビジョンがないということがいかに致命的か、よくわかる。

人が「地理」と言って思い浮かべる三つの要素

「地理」というものは、単純化すれば「天・地・人」の三つの要素から成り立っている。

まず一つめの要素は「地」。これは現実的な地理の要素、つまり物理的な地形のことを指す。

人間は、土地を離れては生きていけない。いかに交通機関や情報通信が発達し、二四時間あれば地球を一周できる時代になっても、世界中の情報にクリック一つでアクセスできる時代になったと言っても、現実の地理は存在する。われわれは「地上」という地理の上でしか生きていくことができない。

テクノロジーの発展によって、たしかに時間やエネルギーを節約できるようになったのだが、物理的な距離や地形が変わるわけではない。

兵を輸送しようとすれば、やはりコストや時間はそれなりにかかる。飛行機に乗ればひとっ飛びとは言っても、ヨーロッパは日本から旅行に行くにはやはり遠い。アジアのほうが近くて便利だろう。

そういう意味で、普遍的な要素、人類の生きる土台としての土地という概念は、きわめて基礎的なものとして存在することを否定できない。

二つめの要素は、「天」。これは実際に存在する地理とは違う、人間の頭の中にある「地理」のことであり、むしろ人間の行動や思想に影響を与える「地理の感覚」と言うべきもので、心理的な遠さ、近さの感覚、もしくは「世界観」とも言える。

仮に、同じ一キロの距離でも、通いなれた場所なら近く感じる。これから楽しいことが待っているときも、その道程の感じ方は普段とは違ってくる。また、心理的に南に行くときにはなんだかわくわくして足が進むが、北に向かうのはなんとなく気が重い、というのもある。

実際の物理的な地理の要因に加えて、このような心理面での地理というのは、地政学的にきわめて重要なポイントとなる。

欧米人が、中東の人たちを毛嫌いするのは、宗教観の決定的な違いであるし、東洋に対する関心が薄いのも、歴史的、地理的に交流が比較的少ないので、東洋思想を理解できないからである。こういう心理的な要因が、実際の政策決定に大きく影響してくる。

そして、最後の「人」の地理とは、空想上の「天」の地理と、現実の「地」の地理

人間の地理は、地上図のことだけではない

天
人間の「地」に対する概念上の要素。「地」は基本的に変わらないが、人類文明というフィルターを通すことで、大きく変化して見える。
人
人類の築いた社会文化。常に変わり続ける要素。人間の活動や社会の変遷、交通や通信などのテクノロジーの開発によって、「地」の概念に大きな変化をもたらす。
地
人類文明の土台。基本的に変わらない要素。ただし、地球規模の自然現象（地殻や気候の変動）、人為的な開発（運河や人工島の建設）などによって稀に変化し、その影響は人類の文明に大きく作用する。

の間にあり、その二つをつなげるような役割を果たす、人間が使う「テクノロジー」のことを指す。

航海術の発達、蒸気機関の開発、飛行機の登場など、人類が新たに発明したテクノロジーによって世界地図が大きく塗り替えられ、情報機器の発達で世界が小さくなるなど、画期的なテクノロジーの開発によって、普通は変わらないはずの地理的制約が大きく変わり、このときに時代が大きく動くのである。

航海術の発達と蒸気機関の発明によって世界は「クローズド・ポリティカル・システム」と化し、鉄道や車の開発によってランドパワーの力が急速に増したように、現在では航空機、人工衛星、あるいは、インターネットの登場で、また大きく世界が変わろうとしている。

これら三つの要素の変化のかね合いによって、人間の持つ世界観が変わり、戦略も変わってくる。その変化の流れを理論化しているのが、地政学なのである。

たとえば、いま中国が大きく変わり始めているのも、この「天・地・人」の変化によって説明がつく。

まず「地」の観点で言えば、この国はユーラシア大陸の東側の内陸から沿岸部にかけて、広大な領土を持っている。この地理的現実は、一九世紀から二〇世紀にかけて海外の列強から分割されていてもほとんど変わっていない。

そして「天」に関しては、この地域には歴史的に版図を最大に広げた「唐」という王朝があり、中国の理想としては、この唐の栄光を取り戻すという願いがあった（詳しくは第４章で後述）。しかし、現実の「地」や政治的状況から見ると、それはほとんど不可能と言える。

ようするに、以前の中国の「天」は、それなりの領土の広さでとりあえず満足しておかなければならない、というものだった。

ところが、二一世紀に入ってから大きな変化が起こった。最近の経済成長によって、中国は「人」の発展、つまり先進のテクノロジーを身につけ始めたのである。

そうなると、従前の中国にとっては単なる夢だったものが、テクノロジーを手にしたいま、その夢の実現性が高まり、中国の「世界観」、つまり「天」まで変わってきたのである。

中国はランドパワーの国であるから、基本的に外洋は苦手である。歴史上、沿岸部まで進出したところで、勢力の拡大はとどまっていた。中国は、これまで海を越えて勢力を拡大したことはなく、どちらかと言うと、中央アジアを通って中東やヨーロッパ方面に勢力を伸ばそうとする傾向があった。東の海側に出るのは、心理的に好まなかったのである。

それが、貿易で力をつけたことで、海洋に対する苦手意識が払拭《ふっしょく》されつつある。リムランドを制して、次には周辺の島を領しようとしている。いまはもう、空母や潜水艦を作って海洋の支配さえうかがうほどである。

いま中国では、鄭和《ていわ》が率いる艦隊が一四九二年にアフリカのマダガスカルに上陸していたという史実を「発見」して、国内世論を盛り上げようとしている。

実は、こういう神話的な話というのは国策としてのプロパガンダにもってこいのネタである。なぜかと言うと、それを使えば国民の意識、つまり「天」を望む方向に変えることができるからである。

「大陸の外の海は俺たちの領分じゃない」と思っている中国人に、「いやいや中国はもともと海を支配していたんだ」と喧伝《けんでん》し、外界に目を向けさせるのであり、こうすることによって大陸の外への拡大政策はとりやすくなる。ようするに、国民の意識を「ランドパワーとしての中国」ではなく、「シーパワーでもある中国」にしていくことができる。

こういう世界観の意識的な変化を、私たちは積極的に理解しなければならない。中国が何をしようとしているか、以前とはどこがどう変わったのか……そういうことを敏感に察知しなければならないのであり、むしろこれは国際的な礼儀であるとも言える。また、これこそが、真の国際理解のための第一歩である。

地理的概念を変えてしまった北極海の氷解

地政学というのはきわめて実践的な学問なので、世の中の状況変化によって理論の枠組みもどんどん変化していくという特徴がある。その意味で言うと、いま、地政学の世界で注目されている大きな変化がある。この章の最後に、その変化について述べてみたい。

地政学の理論や考え方、あるいは地政学的な世界観は、交通手段の発展によって大きく変わるということは説明した。

その意味で、重要なトピックが、北極海にある、いわゆる「北東航路」の誕生という新たな地政学的転換である。

地球温暖化の影響で北極の氷が溶け始めているが、これによって本来は通り抜けられなかったはずの北極海が通行可能となり、ここに新たな航路が誕生した。

【ドイツ貨物船がたどった北東航路（『毎日新聞』二〇〇九年九月一三日付）】

ベルリン／小谷守彦……北極海のシベリア沖「北東航路」を経由し、ドイツの貨物船二隻が今月上旬、韓国・蔚山《ウルサン》からロシアのオビ川河口のヤンブルク港にたどり着いた。貨物船を運航する「ベルーガ海運」社（独北部ブレーメン）によると、北東航路の欧米商用船の航行ははじめてで、地球温暖化で北極海の氷が急速に溶けているため夏季の航行が可能になったという。北東航路はアジアと欧州を結ぶ最短の新航路として将来性が注目されている。二隻は今後、積み荷の一部を降ろし、ノルウェー北岸を経てアムステルダムを目指す。

パナマ運河やスエズ運河など、本来通れないはずのところに新しい道ができて通れるようになると、世界中の国家の地政学的な観点、つまり世界観が変わる。

まず、航路の開拓により、三位一体のうちの「天」が大きく変わる。たとえば、マルコ・ポーロの著した『東方見聞録』が、ヨーロッパの人々にアジアに対する関心を巻き起こし、大航海時代に大きな影響を与えた。コロンブスも実はこの本を持っていて、熱心に書き込みをした跡が残っている。アジアへの興味を呼び覚ましたことによって、新大陸の発見につながったのである。

このように、人々の観念上の地理感覚が変わると、実際に人が移動するようになり、社会が大きく変わる。さらに、北極海の航路の場合は、これまで絶対に変わらないと思われていたはずの「地」が変わってしまったという意味で、地政学の歴史においてはパナマ運河やスエズ運河の開通に匹敵するくらい革命的な大事件となる。

そもそも北極海には年中氷が張っていて交通を妨げる役割を果たしていたために、通り道はなかった。ところが地球温暖化（人間のテクノロジー、つまり「人」によって生まれた、温室効果ガス？）のおかげで、夏の間だけとはいえ、障害となっていた「地」が消滅してしまったのである。

これは、地政学的には天地を揺るがす大事件なのだが、その話はひとまずおいて、現実の国際政治の戦略に及ぼす影響を見てみよう。

新たな航路ができるということは、地政学上の概念が変わる。今回の場合、北極の氷が溶けたおかげで、アジアからロシア沖を通ってヨーロッパにいたるルートが新しく誕生したということになる。

このルートは、日本、中国といった極東の国々にとって、恩恵が大きい。いままでユーラシア大陸の西端にあったヨーロッパから見て、極東はもっとも遠い地の果て、海の果てにある。船で行こうとすれば、喜望峰をぐるりとまわるか、さもなければ、バカ高い通行料を払ってスエズ運河をわたり、海賊が跋扈《ばっこ》している危険な紅海やマラッカ海峡を通らなければならない。

つまり、いままではこれだけ苦労して何日もかかっていた航行が、北極が通れることになると、横浜からロンドンまで（ロシア沿岸が安全だとすれば）海賊の心配もなく、安全にいままでの四割弱の距離（一万一〇〇〇→七〇〇〇マイル）で到達できることになる。

ヨーロッパ人にとって、アジアは心理的に遠く、あまり関心がなかったが、現実的な距離が近くなることで、心理的な距離感も縮まる。したがって、世界観、つまり「天」ががらりと変わる可能性がきわめて大きい。この変化が、日本にとって大きなチャンスになる。

もう一つ重要な要素は、北極の氷の下に石油をはじめとする莫大な資源が眠っている可能性が大きいことである。いままで厚い氷に阻まれて、誰も手をつけることができなかったが、氷解により開発が可能になった。

このことで、にわかに北極海の周辺の緊張度が増している。

すでにロシアは、北極海に近いナグルスコイェに三〇人の兵士と一六人の科学者、六人の気象学者を常駐させ、予備調査にあたっている。この地域ではほかに、アメリカ、カナダ、デンマーク、ノルウェーが管轄権を主張し、欧州連合を巻き込んだ争奪戦の様相を呈している。

【北極海の北西航路管理権をめぐり、米国・カナダ対立（『AFP』二〇〇七年八月二一日付）】

カナダ・ケベック州のモンテベロで行われたジョージ・W・ブッシュ米大統領とスティーブン・ハーパー、カナダ首相の首脳会談で、北西航路（筆者注：極点を挟んで北東航路の反対側）の管理権をめぐる米国とカナダの対立が浮き彫りになった。

一二〇万平方キロメートルに及ぶ北極の海底には、世界で未発掘の石油と天然ガス埋蔵量の二五％が存在すると考えられており、カナダ、ロシア、デンマーク、ノルウェーおよび米国が海底の一部の領有権を主張し、対立を深めている。カナダの主張する大西洋から北極海沿いのカナダの群島地帯を抜け太平洋に至る北西航路の管理権についても、同盟国の米国も含めた関係国すべてが反対している。

最近、北極の氷が地球温暖化で溶け出し、北西航路周辺の経済活動や航行が容易になったことから、国家間の競争が加速した。ロシアが北極点下の海底に国旗を立て、デンマークもそれに続くと報道されている（以下略）。

世界中を沸かせているビッグニュースなのに、日本ではほとんど関心を持たれていないこの話題。ところが、自国の生き残りに敏感なイギリスでは、すでにこの問題を地味ながらしぶとく報じており、シンクタンクや国防省も数年前から熱い視線で注目している。

このような情報に対する温度差こそが、日本の国民やメディアに地政学的な感覚が欠如していることを如実に表していると言えよう。

エネルギーはともかく、北東航路の開発は日本にはまたとないチャンスとなる。これまでアメリカ一辺倒だった日本の国際戦略にとって、ヨーロッパ諸国との緊密な連携という新たな選択肢が誕生するかもしれないのである。

そういう意味でも、この国の戦略感覚のなさが、残念でたまらない。

第4章

日本の属国化を狙う中国

中国の最終目的は、唐の時代の領土回復である

中国人の考えている世界観、ビジョンを、ひと言で言えば「失地回復《レコンキスタ》」（スペイン語で「再征服」を意味する言葉）である。

いわゆる、中華思想と呼ばれるものは、中国（中華）こそ世界の中心であり、その文化、思想がもっとも価値のあるもので、漢民族以外の文化を認めず、教化の対象とみなす思想のことである。そのために中国は世界の中心でなければならず、もっとも繁栄した国でなければならない。かつて中国は、たしかにそういう存在であった時期もある。

なかでも、中国でもっとも領地を拡大した黄金時代といえば唐の時代である。八世紀ごろの絶頂期には、東は朝鮮半島のつけ根あたりから、西はカスピ海まで、北はいまとあまり変わらないが、南はいまのベトナムあたりまでの広大な領域を領土としていた（123ページ参照）。

その周辺の渤海《ぼっかい》、朝鮮（新羅《しらぎ》）、チベット（吐蕃《とばん》）、日本など周辺諸国を支配下に従え、世界の中心で花が咲く場所、すなわち「中華」として栄華を誇った。当時、日本

からも遣唐使を遣わし、朝貢《ちょうこう》形式をとりながら文化や仏教などを受容していた。当時の中国は、文字通り世界の中心だったのである。

「もう一度、この最大の版図を復活させたい」という感情が、中国人と政府の間に一貫して流れている。いわば「ローマの復活」なのだ。

これは、私が地政学を一緒に勉強している中国人エリートが語った話である。彼らは将来、中国共産党幹部として活躍する。その彼らの世界観が「中華の復活」というのだから、中国政府の世界観とみて間違いない。

さて、その唐の版図によれば、日本列島は「東夷《とうい》」であり、中華の外の野蛮な地域と位置付けられる。しかし、沖縄は東夷と位置付けられていない。

事実、二〇〇五年八月一日発売の中国誌『世界知識』で、「沖縄が日本の領土になったのは琉球王国に対する侵略の結果であり、第二次世界大戦後のアメリカからの返還も国際法上の根拠を欠き『主権の帰属は未確定』だ」とする研究者の論文を掲載して物議をかもした。

これは論理的に、「沖縄はどこの国にも属していない。だから、中国が獲ってもいいだろう」という戦略的な〝悪の論理〟である。

論文を発表した専門家は、日本で言えば東大に当たる、北京大学の教授である。一研究者の論文とはいえ無視できない。中国は度々このような手段をとる。つまり、あくまでも非公式な形で過激な主張を展開し、観測気球を上げて相手の反応を見る。

意外に反応が薄ければ、「いけるかもしれない」と図に乗って、実際に進出を始める。あまり反発が強ければ、「政府は関知していない」とかわせばいいだけである。

彼らはいまのところ、日本本土まで勢力圏を拡大することは考えていない。「唐時代の版図を奪還する」という考え方そのものがかなり乱暴な理屈だが、さすがに日本まで支配する根拠はない。

ただし、沖縄を手中に収め、東シナ海を完全に自国領域（内陸海）とすることで、日本列島を西側諸国に対する防波堤として緩衝地帯にしたいというのが本音である。もちろん、一度は日本に攻め込まれて、国の一部を占拠されているから、日本に対する恐怖心も潜在的に持っている。日本が再び軍事大国化しないとも限らないので、そうならないように、適度に国力をそぎながら、人的侵略によって自分たちの管理下に置いておこうと考えても不思議ではない。〝悪の論理〟は、そこかしこに存在しているのである。

失地回復を狙う、唐時代の勢力地図

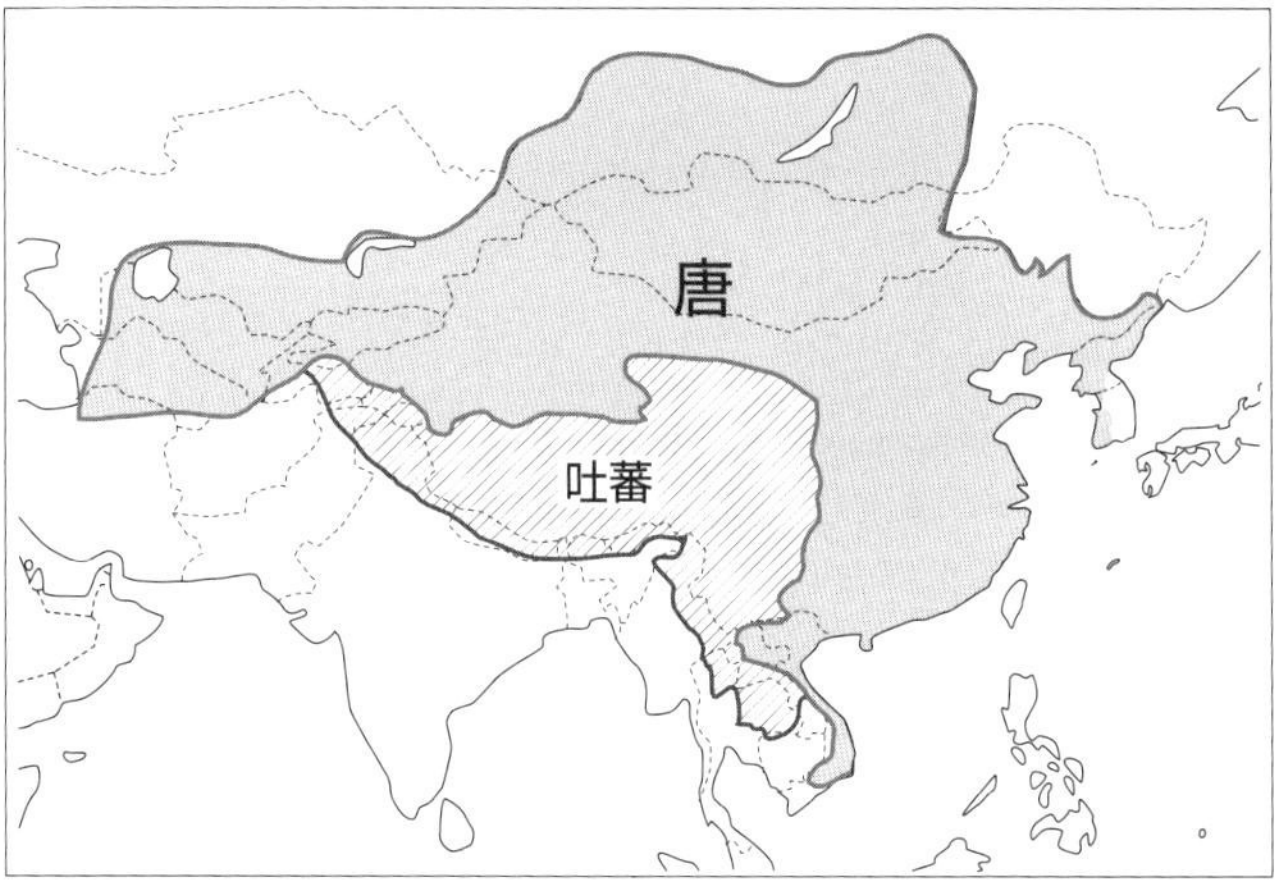

唐の支配について……

吐蕃は７世紀初めから９世紀中ごろにかけて存在した王朝で、現在のチベットに当たる。吐蕃は唐王室の娘を妃として迎えており、その後も唐との結びつきを強めた。この事実から地政学的には、実質的に唐が吐蕃をコントロールできたことは想像できるため、唐の勢力図として考えてもよい。

また、朝鮮半島については、高句麗、百済を滅ぼした唐の支配下であり、その後、新羅が朝鮮半島を統一する。

西域については、唐の晩年に政争が起こり遊牧民のウイグル帝国の勢力となる。南方については、ベトナムも支配下に入れており勢力地図をさらに広げて考えてもよい。

シーパワーの世界に進出し始めた中国

中国の世界観である失地回復という考え方は、もともと失われたものを取り返しにいくのだから、彼らにとっては「侵略」ではない。したがってそれに対する罪の意識などはないし、躊躇《ちゅうちょ》もしない。

もちろん、失地回復には合理性はない。かつては領土だった土地を奪還することを正当化してしまえば、イタリアやトルコ、モンゴル、ドイツも同じことをするだろう。そんな屁理屈が通るはずはないのだが、彼らの中では立派に自己完結している理屈なのである。

とくにいまの中国は経済的にも力をつけてきて、かつてのアジアの覇者としての自信も取り戻しつつある。恥辱にまみれた一九世紀と二〇世紀が終わり、二〇〇〇年代になってやっと失われたものを取り返すチャンスがめぐってきたのである。「やってやろうじゃないか」と、おおいに盛り上がっているところであろう。

他方、失地回復が中華民族にとって積年の悲願であるのに対し、最近の彼らを動かしているのが「海」への野心である。

彼らも「一つの国がランドパワーとシーパワーを兼ねることはできない」という地政学の鉄則は感覚的にわかっている。しかし、ある程度「海」に出ていかないと、常にシーパワーの脅威にさらされることになるし、経済的にも発展ができない。そこで、中国大陸と太平洋を隔てる東シナ海と南シナ海を「内陸海化」しようとしているのである。

その際に要となるのが、台湾である。

九州の西端から沖縄まで伸びる南西諸島、沖縄と台湾をつなぐ沖縄諸島の内側が、東シナ海。そして、台湾からフィリピンまで南に延びる南沙諸島の内側が、南シナ海。この海の帯は、中国大陸にかかるネックレスのように沿岸部に沿って広がり、その中心部に位置するのが台湾である。北京政府は、ここだけは何としても手に入れたいと考えている。

関与とは違って、自国領にするということは、中国のシーパワー化を意味する。シーパワーとランドパワーを兼ねることはできない、というのはあくまで地政学上の理論である。これまでその理論が破られたことがないから鉄則になっているわけだが、それを彼らは「覆せる」と考えているのである。

シーパワーを取り込むことに成功するかどうかはわからないが、少なくとも彼らは、台湾だけはたとえ戦争をしてでも獲りにいく腹をすでに固めている。中国共産党のエリート層もひと通り地政学的な思想を学んでいるので、教育は行き届いている。女性だろうが「台湾が独立したら核兵器を使う」とさらっと言ってのける。

ただ、かならずしも戦争が起こると決まっているわけではない。むしろ、軍事衝突を招かない方法で手に入れることを中国政府は考えている。またそれは、十分可能である。

まず、往来を自由化して経済的、文化的に交流をどんどん深め、事実上の同一経済圏、文化圏に巻き込んでしまう。中国のマーケットは台湾にとっても魅力的だから、抵抗する理由はない。

台湾にとっての唯一の懸念は、共産党政権の存在である。しかし、それもいずれ中国が民主化するか、もしくは限りなく民主化に近づいていけば、台湾にとっても併合をいやがる理由がなくなる。中国の自治州になるくらいであれば、それほど抵抗もなくスムーズに進む可能性もある。

台湾を獲れば中国はシーパワーを手に入れる。すでに中国は、第一列島線（九州を起点に、沖縄、台湾、フィリピン、ボルネオ島にいたるライン）を自国の防衛線と考えており、海軍を展開している。

さらに、近い将来の戦略目標として、中国海軍は、第二列島線を二〇二〇年までに完成させ、二〇四〇～二〇五〇年までに西太平洋、インド洋で米海軍に対抗できる海軍を建設するとしている。

第二列島線は、伊豆諸島を起点に、小笠原諸島、グアム、サイパン、パプアニューギニアまで伸びるラインであり、当然そこは日本の領海である。それなのに、中国は最近、この第二列島線付近まで海洋調査を行っている。

私が沖縄に駐屯していた自衛隊幹部に聞いたところでは、早朝になると毎日決まって米軍の哨戒機《しょうかいき》が潜水艦を探しに飛び立つ。この海域を中国の潜水艦が調査しているので、そのけん制のためだという。

一九九六年のこと、台湾としては初の民主化選挙で、兼ねてからゴリゴリの独立論者だった李登輝が総統に就任した。中国側はこれに対して金門海峡に向けてミサイル演習を行っており、これに対抗するために米軍も合わせて空母二隻を急行させ、軍事衝突一歩手前というところまで一気に緊張感が高まった。いわゆる「台湾海峡ミサイル危機」である。

もちろん軍事的には圧倒的に米軍に分があったため、それを悟って中国はいったん手を引いたが、けっしてあきらめたわけではない。

現在、中国海軍は二〇一二年をめどに空母の実戦配備を行おうとしている。中国は一九九八年に旧ソ連製クズネッツォフ級空母「ワリャーグ」を未完成のまま購入し改修をしている。さらに初の国産空母として、中型空母二隻を建造している。

これに対し、グレグソン米国防次官補が「台湾の自己防衛力を維持するために必要な軍事物資サービスの提供を続ける」こと明らかにした。

台湾をめぐるアメリカと中国の緊張はこれからも続くが、とにかく、台湾の併合こそが中国がシーパワーに進出する第一歩なのである。

沖縄をコントロール下に敷こうとする中国の狙い

台湾を獲って、第一列島線をシーレーンとする場合、中国にとって懸案になるのが沖縄の存在である。

沖縄を獲れば東シナ海が完全に自国の内海になる。とはいえ、さすがに沖縄を軍事力で獲るわけにはいかない。日本から独立させて傀儡《かいらい》政権を樹立させるシナリオを考えている、というのが私の推論だが、本当にそんなことはあり得るのだろうか。

もともと琉球王国には、二つの歴史書があって、中国語で書かれている歴史書には、「中国にいかにつくしてきたか」が書かれている。一方の日本語で書かれている歴史書には、「薩摩《さつま》藩や幕府とうまくやってきた」と書かれている。

両国に朝貢をしていて、どっちにもいい顔をしていた。琉球王国には、そのような意外にしたたかな面がある。

小さい国だっただけに、大きい国の庇護を受けて国を成り立たせるしかなく、そういう面で鍛えられたのだろう。琉球王国は感覚的にサバイバル戦略には長けている。つまり、「中国についたほうが得」と思えば、沖縄独立もあながちないとは言えないのである。

沖縄の人の中には、米軍基地を沖縄に押しつけたという感情を持っている人も少なからずいる。一九七〇年のゴザ暴動（米軍車両が起こした事故の処理に対して不満をいだいた住民が米軍施設や車両を焼き打ちした騒動。米軍関係者の犯罪や事故には軽微な罰則しか与えられないことに住民の不満が高まっていた）や、一九五九年の宮森小学校へのジェット機墜落（嘉手納基地所属の戦闘機が訓練飛行中制御不能になり、授業中の石川市立宮森小学校に墜落、炎上。児童一一名を含む犠牲者死者一一名、負傷者一〇〇名を出す大惨事となった）などの事件で、反大和人、反内地の感情を抱いている人も多い。

民主党政権になってからの最大の問題は普天間基地で、この動きをもっとも注視しているのは中国である。中国にとって、沖縄に米軍基地がなくなれば、彼らの戦略は遂行しやすくなることこのうえない。


仮に中国が本気で独立を画策するとしたら、第一弾として、沖縄の企業や土地などに投資をしてくるだろう。次に、中国系の資本を進出させ、経済を握る。すると、中国人がたくさん定住するようになり、二世が生まれると彼らは日本国籍を取得できる。当然、投票もできるし立候補もできる。

そこで、華人系の議員を擁立して議会を掌握し、経済と政治を握ってゆくゆくは独立を図るという寸法である。

いまはまだ、米軍が沖縄に居座っているので中国もおいそれとは手を出せない。しかし、仮に米軍が撤退することになれば、一気に中国の攻勢が強まることは間違いない。

西尾幹二氏ら多くの評論家は、中国が沖縄を攻めるということを言っているが、中国が武力介入することは現実的ではない。

現在の地政学は、土地を奪うことだけが目的ではない。あくまでも地域を自国の利益になるようコントロール下に置くことである。

中国が攻めてくるという話はマスコミのネタとしては面白いが、何も沖縄を攻め獲ろうとしなくても、その目的は十分に達成されるのである。

中国一三億人の国益は陸よりも海にある

シーパワーの世界への野望を燃やす中国は、一方で陸上における版図の拡大をどうとらえているのだろうか。

中国はチベット自治区、内モンゴル自治区、新疆《しんきょう》ウイグル自治区という不安定な地域を抱え、インド、ベトナム、ソ連（当時）とも何度か国境紛争を経験しているが、いまは紛争を避ける方向に傾いている。

唐時代の版図を取り戻したいということであれば、当然、陸上も現在より一・五倍は広くなるはずだが、現実的にあまりにもリスクが大きすぎる。腐ってもタイのロシアと本気でことを構えるのはさすがに無理であるし、インドは核兵器を持っている。

現在、中国は自治区の完全制圧もできていない状態で、下手に隣国と軍事衝突して失敗してしまえば、これらの地区の独立を誘発し、現在手にしている領土さえ失いかねない。

その点、シーパワーとしての海への進出は障害が少ない。それに、ランドパワーの版図を広げても、中国の西側は広大な砂漠地帯と険しい山岳地帯が広がっているだけで、実際の国境線はほとんど意味がない。

たとえば、新疆ウイグル自治区も、動乱前はウズベキスタン系の遊牧民族が国境を行ったり来たりしていた。しかも、陸の国境線は何千キロにもわたっており、国境警備兵を置くにしても莫大な軍事予算が必要となってくる。

そんな地であるから、現在の緩衝地帯の役割が保てればリスクをおかして進出しても金がかかるだけである。

その点、シーパワーとして進出するということは、貿易の利権を手にして経済的にさらに潤う。陸に比べて海への進出は効率がいいのである。

そもそも、版図を広げたいというのは、中華思想というイデオロギー的な意味もあるが、もっと大きいのは純粋な国益への野望である。

つまり、軋轢《あつれき》が大きい割に獲得してもたいしたうまみもない大陸内部の山岳地帯に版図を広げていくより、ハートランドから出てシーパワーを活用することのほうが簡単で、国益にもかなう。

「いま、国内をなんとかするので大変なんだ」、これは中国人が共通して言うことであるが、彼らの目標は、中華人民の誇りを取り戻すことなどではない。もっと現実的な欲求がある。それは、「一三億人全員が車を普通に持つことができるようにすること」である。

日本でも「三種の神器」と言われたテレビ、冷蔵庫、洗濯機の普及にともなって経済が発展していった。それと同じように、消費を拡大して経済を活性化させたい。そして、実際に中国は、液晶テレビ、冷蔵庫、洗濯機が現在の三種の神器となっており、農村部にまで政府が補助金を出して買わせている。

こういった国家戦略の大きな方向性は国のエリートたちが考えるものだが、国民の志向や意識を無視できない。したがって、世論を盛り上げていくことが必要だし、あるいは、そもそも国民が望むものを与えることが重要なのである。国民の期待にこたえる方針を政府が打ち出し、その希望に多くの国民が賛同し、みんながいっせいにその方向に向かって進むエネルギーが沸き上がることで、国としての大きな力を得て、勢いを生むのである。

そうして見るときに、中国人の目はいま、明らかに海に向かっている。どう見ても儲かっているのは沿岸部だけ。内陸部ではいまも貧しい生活をよぎなくされている。沿岸部のように豊かになりたいと、その目は上海や香港に向けられている。実際、人も内陸部から沿岸部にどんどん移動しており、すでに中国は事実上「リムランド化」していると言って過言ではない。

内部から沸き起こるマグマのエネルギーのような欲望の高まりを、暴発させることなくうまく推進力に使うには、海に出ていくしかない。何といっても人口一三億人である。その巨大な欲望を満足させるためには、国内だけでやっていてはとうてい無理な話なのである。

中国も海を通じて世界に出ていかなければならないのである。

すでに中国に領海を侵されている日本

いまや日本は、われわれの富を簒奪しようとする捕食者たちに完全に囲まれているのが現状である。

すでに中国は、尖閣諸島の事実上の領有に乗り出している。尖閣諸島は、八重山諸島の南西部に位置する群島で、一八八〇年代に日本領にくみ入れられた。戦前までは鰹節工場があり、人も住んでいたが、現在は無人島になっている。

日本が領有権を主張してから九〇年がたっていて、戦争が終わったときには中国も台湾も何も言わなかった。しかし、一九六九年、近辺の海域で大油田が発見されると、まず台湾が日本に何の断りもなく、採掘権をアメリカの石油会社へと勝手に売却してしまった。日本がこれに抗議すると、そこではじめて「(尖閣諸島は) 台湾領だ」と主張し始めた。

さらに、一九七一年になると、今度は中国が突然領有権を主張し始めた。そればかりか、日本との領海すれすれに位置する「平湖ガス油田」に海底油田採掘プラントをさっさと建設してしまい、すでに掘削作業を始めている。

施設があるのはたしかに日中中間線のぎりぎり中国側だが、海底の油田は当然日本領にもまたがっている。日本が強硬手段に出ないと嵩《たか》をくくった中国は、現在、日中中間線から中国側に四キロ内側というさらにぎりぎりにある「白樺ガス油田」の開発にも着手しており、いつ境界線を踏み越えても不思議ではない。日本が抗議をしても意に介さない。仕方なく折れて、共同開発を持ちかけても無視するだけである。

現在も「調査」と称して、付近の海域を中国の船がわが物顔で出入りしている。ときには、領海を犯して日本領に入り込むことも少なくないという状態である。

領海侵犯の中国船、魚釣島を一周半調査？　海保の死角から侵入か（『産経新聞』二〇〇八年一二月一九日付）

今月八日に尖閣諸島・魚釣島南東の日本領海に侵入、九時間にわたって航行した中国の海洋調査船二隻の航路が一八日、海上保安庁の調べで分かった。二隻は魚釣島を一周半も回りながら、調査活動をしていた可能性が高いという。二隻は海保の巡視船の死角から侵入していたことも明らかになり、海保は巡視船を増やし、警戒監視を強めている。

海保によると、中国国家海洋局所属の調査船「海監五一号」と「海監四六号」は八日午前八時一〇分に発見されたとき、領海内の魚釣島南東六キロを航行中だった。

その後、二隻の調査船は魚釣島周辺を時計回りに航行し、午前九時四〇分ごろには魚釣島の北東一七キロで機関を停止し、約一時間漂泊を続けた。海保では、この間に周辺海域の海流や水温、水深などを調査したとみている。

さらに二隻は魚釣島を時計回りで一周した。島に最も近づいたときは五キロ未満だったという。二隻は海保の警告を無視し続けたまま、午後五時半ごろ北上して領海外に出た。

今回、調査船の発見が遅れたことについて、海保では、台湾や中国の漁船を警戒監視している巡視船二隻の配置具合で死角ができたためと分析。現在は、巡視船を常時三隻態勢にし、石垣航空基地の航空機とともに警戒監視を続けている。

台湾が勝手に採掘権を売ってしまっても、「日本は抗議をするだけで実力行使をしない」と見くびった中国が、「ならばわが国も」と進出した結果である。

そもそも、中国は、「中国大陸から沖縄トラフ（東シナ海の深海域）までを中国大陸が自然に張り出して形成された」いう理屈で、東シナ海大陸棚全域に対する主権的権利を主張している（尖閣諸島はこのラインの内側に入る）。彼らがもともと日本領と認めていないのなら、こそこそやらずに堂々と入ってくればいいものを、そうしないのは、自分たちの主張が道理に合わないことをわかっているからである。

調査船でこそこそと入ってきて、その割には、日本の巡視船に見つかって退去を命じられても無視して居座り続ける。そして日本側がどう出てくるか試している。案の定、海上保安庁も自衛隊も、自国の領海を他国の船が通っても威嚇射撃さえできない。攻撃してこない軍隊など痛くも痒《かゆ》くもない。それがわかった中国は、一層大胆に日本近海を侵食し始めている。

知らぬ間に社会に入り込むという中国の手口

日本の領海を侵食したあと、次に中国がやってくるのは、漁船などを使った見えにくい形での侵略だろう。

二〇〇九年三月、アメリカの音響測定艦「インペッカブル」が海南島付近で潜水艦の音紋データの調査中、中国籍らしい漁船に取り囲まれ、あわや一触即発という事態になったことがある。

しかし、この漁船は軍事訓練を積んだ戦闘員が乗船し、武器を隠し持って軍事作戦を行っている「海上民兵」という中国のゲリラ部隊で、漁船を装いながら近づいて人員を送り込み、さまざまな非正規活動をしている部隊である。

また、フィリピンやベトナム、マレーシアなどと領有権を争っている南沙（スプラトリー）諸島でも似たようなことが行われている。まずは「補給基地」という口実で海上基地を作り、既成事実にしてしまってから実行支配に移すというやり方である。

こういう搦《から》め手でやってくるのが中国の常とう手段である。アメリカのように軍艦で乗り込んでいって国旗を立てるようなことはしない。まず、漁船や商人が先鞭をつけて、狙っている島などに足場を築く。

それは、たしかに商人であり漁師であるのだが、一緒に物資や人を運び込み、知らぬ間に深く社会の中に入り込んでしまう。そのうちに中国人が定住するようになり、経済圏を広げる。中国村ができ上がって、二世、三世が育ってくるとその国の選挙権を持つようになる。商売上手な彼らは、地元経済を握って政策を誘導し、事実上の同化政策が知らぬ間に進んでしまう。

いまや世界中で中華街がない国はめずらしいくらいだが、その多くは政治的な狙いによってできたのではなく、貧しかった中国から出稼ぎ先を求めて渡ってきたものである。しかし、結果的に、作り上げられた世界中の華人ネットワークが北京政府に利用されている例がある。

二〇一〇年一月九日の『ワシントンポスト』の記事によると、近年のアメリカ議会では北京政府に対する態度が激変している。

たった十年前には反中的な発言しても何も影響なかったものが、最近は議員の地元選挙区が中国とのビジネス的な結びつきを強めた影響からそのような発言をすることができなくなっており、反中的な意見を持つ議員たちも中国本土に招待されて丸め込まれてしまうなど、北京政府の徹底した懐柔政策によって、民主党・共和党に関係なく、ことごとく骨抜きにされている様子が報じられている。

また、それにともなって北京政府は、二〇〇〇年代に入ってからワシントンでのロビー活動を活発化させている。

二〇〇九年に駐米大使館を新設したのを皮切りに、十年前にはたった一人しかいなかった米国会議に働きかけるための専門部隊の要員を、英語を完璧にあやつれるアメリカの大学出身者を中心に一〇人まで増やしている。

また、ワシントンの中でも有数のロビー団体に対する資金も、以前と比べて三倍に増やしている。この成果もあったおかげか、まずは二〇〇九年一〇月には、孔子の生誕二五六〇周年を記念する決議が米国議会で通過したほどである。

知らぬ間に社会の奥深くまで入り込む中国。彼らの戦略はしたたかである。アメリ力でさえ中国の戦略の罠にはまる危険性を孕《はら》んでいる。ましてや〝悪の論理〟を知らない日本では、彼らの戦略は着々と進行しているのである。

中国と手を組んでしまった〝売国政府〟

知らぬ間に社会に入り込む中国の戦略は、すでに日本でも行われている。それも政府ぐるみで行われているのだとしたら、これは売国政府だと言わざるを得ない。

今回、民主党が歴史的な大勝で政権をとったが、その民主党が二〇〇五年八月に改訂した「沖縄ビジョン」には、次のようなことが書かれている。

・沖縄において「自立・独立」型経済を作り上げる
・「一国二制度」を取り入れ、「東アジア」の拠点の一つとなる
・在沖縄米軍基地の大幅な縮小
・東アジアと全県自由貿易地域（フリー・トレード・ゾーン）構想
・地域通貨の発行

・アジア地域における人的交流の促進

先ほど沖縄独立を狙う中国の戦略について述べたが、その民主党は外国人参政権の導入にも意欲的である。

戦略的な視点で見ると、実は中国にとって非常に都合のよい、そして日本にとっては沖縄を失う可能性がきわめて高い、非常に危険な政策だということが一発でわかる。

現在の外国人登録数を見ると、日本における中国人の人口が増加しているのがわかる。

【平成二〇年末現在における外国人登録者数（法務省入国管理局の資料より）】

外国人登録者の国籍（出身地）の数は一九〇（無国籍を除く。）であり、中国が六五万五三七七人で全体の二九・六パーセントを占め、以下、韓国・朝鮮、ブラジル、フィリピン、ペルー、米国と続いている。

中国は、昭和五〇年代から増加を続けており、平成二〇年末は同一九年末に比べて、四万八四八八人（八・二パーセント）増加している。

二〇〇九年二月号の『正論』で、ノンフィクション作家の関岡英之《せきおかひでゆき》氏が、外国人参政権に関して警鐘を鳴らしている。それによると、参政権が与えられる中国国籍を有する永住者は一四万五〇〇〇人を超え、中国人の外国人登録者数の二二パーセントを占めているという。

しかも、二〇〇二年の永住者が七万人だったのに対し、実に六年で倍増しているだという。本誌の中で関岡氏はこれ以外に、法の抜け道を利用したケース、不透明な入管行政、永住者予備軍を含めると二四万人以上の中国人が、参政権を獲得することになる。

関岡氏によれば、そうした「トロイの木馬」は、企業だけにとどまらず、司法にまでも奥深く引き入れられているという。

果たして、民主党はなぜこんな危ない政策を言い出したのだろうか。ただ単に政策担当者の戦略思考の欠落によるものなのか、それとも誰かに懐柔され、そそのかされているのだろうか。

もし民主党が親中派として中国と手を組むとするならば、われわれは国内政策であたふたする中、民主党の外交戦略を是認する形となる。

二〇〇九年一二月一〇日、小沢一郎幹事長を名誉団長とする、第一六回「大長城計画」訪中団が中国へ渡った。訪中団は六三〇人あまりが参加し、そのうち民主党議員は、過去最高の一四三人が参加している。

本当に友好的交流だと思っているのは日本だけかもしれない。中国が戦略的に歓待しているのであれば、まんまとその策にはまっているのは目に見えている。

こうして、日本は中国に取り込まれていく。それはまぎれもない中国の属国化なのである。

日本が中国の〝属国〟となる日

中国が日本を属国化するなどということは、なかなか想像できないのも無理はない。たしかに、いまの日本と中国の政治的、経済的力関係のうえでは無理である。

しかし、中国経済のさらなる成長と日本経済の衰退という相関関係により、両国の経済的な立場は二〇年後にはかならず逆転する。さらに、中国の軍事的脅威が増し、台湾を併合したうえ、朝鮮半島も事実上の支配下に入れれば、日本にとって中国は圧倒的な存在になってしまう。

そのときに、アメリカが中国をけん制してくれるかというと、そうは限らない。たとえば、中国とアメリカが密約を交わし、沖縄独立を承認してしまう可能性もある。アメリカは日本を友達だと思っているわけではけっしてない。自国の生存と利益の確保に利用できたから表向き仲良くやってきただけで、利用価値がなくなればこの限りではない。

現実にはもっとひどいことになるという人もいる。最悪のシナリオは、中国とアメリカが日本を互いの緩衝地帯にしてしまうというものである。

歴史上、こうした悲劇に見舞われる地域は数多く存在する。東ヨーロッパ、バルカン半島、朝鮮半島、中東など、大きな力がぶつかり合う境界に立たされた地域は、内戦やテロで国土が荒れる。近隣の大国の思惑に振りまわされて、なかなか国内政治が安定しない。

これは地政学の理論では当たり前の話なのだが、力の大きい大国同士が国境を直に接してしまうと、衝突したときに互いに国家の存亡にかかわるぐらいの紛争に発展する恐れがある。そこで、力の弱い国をあえて間に挟んで国家そのものを緩衝地帯にするというものである。

たとえば、中国は地続きの国境付近にはかならず緩衝地帯をもうけている。自治区と言われているものが事実上の緩衝地帯で、民族のほとんどが漢民族ではないため、独立を求めた動乱が起こっている。

新疆ウイグル、チベット、内モンゴル、広西チワンなど、いずれも中国国境に接した地区である。地図を見ると、隣国の有力国と直に国境を接しないような、絶妙な位置にあることに気付くだろう。

また、中国が北朝鮮を併合してしまえばできないことはないのに、併合しないのは西側諸国との間の緩衝地帯として残しておくためである。

その北朝鮮を事実上併合すれば、中国にとっては、韓国との緩衝地帯がなくなってしまうため、次には、南北統一をちらつかせて韓国を緩衝地帯としてコントロール下に置くしかない。その後、朝鮮半島を統一して属国化してしまえば、中国は西側諸国との境界線として日本を位置付けるしかなくなる。

中国にとって、日本海を挟んで西側諸国の先鞭をつける日本と直に接している構造は脅威となる。しかも彼らには、過去にその狭い海を越えて攻め込まれた苦い思い出がある。逆に、もし日本を獲ることができれば、その先は大きな外堀となる大海原(太平洋)しかない。日本を緩衝地帯としてコントロール下に置くことさえできれば、中国は西側諸国からの脅威を完全に排除することができる。

これは言ってみれば、日本がいまの北朝鮮の立場になるわけで、当然、日本の国内環境も国際的な立場も劇的に変わってしまうことになる。

まず中国は、日本を管理下に置くために、国の重要ポストが中国寄りの閣僚で占められるように画策するだろう。

国の重要なポストに自国寄りの人間を置くのは共産国がよくやる手である。ソ連時代に、当時は連邦の一つだったグルジアでは、トップは現地の人間にやらせておいて、副首相などのポストにロシア人を送り込み、事実上グルジアを支配下に置いていた。これはまさに「衛星国化」である。

経済発展は国力を増すので、日本の成長は無理やり抑え込まれてしまう。国際的な発言力も低下する。当然、日本国内からの反発が大きくなるので、それを抑え込むために、思想統制、自由な言論の抑制などをしてくる。かくて日本は、いまの北朝鮮のような悲劇的な社会状況に貶《おとし》められていくことになる。

これは絵空事ではなく、このまま日本が黙っていたら本当にそんな未来が待ちうけている。これはロシアや中国が、中央アジアで実際に行っている政策そのものである。

彼らにはとっては、ユーラシア大陸の内側に向けて進めていた強引な支配政策を、いよいよ外海に向かって広げようとしているだけにすぎないのである。

第5章

日本を捨てるアメリカ

アメリカが日本を中国に売り飛ばす日

前章の最後に、アメリカは日本を友達だと思っていないと述べた。日米同盟が結ばれて今年で五〇年、果たしてそんなことが本当なのだろうか。

地図を見ると、日本を囲んでいるのは、中国、ロシア、韓国、北朝鮮、台湾の五カ国。この中で、中国、ロシア、そして、おそらく北朝鮮の三カ国が、核兵器保有国である。日本は軍事的な脅しには、きわめて弱い立場にある。

それでも、日本が軍事的脅威にさらされている実感がない理由に、アメリカとの安全保障条約の存在がある。仮にその重しが外れた場合には、とても恐ろしい事態が待っている。

そして、その事態は事実になりそうな気配が濃厚である。

第一に、アメリカはいま国力を落としてしまっている。それは、二〇〇八年九月のリーマン・ショックに端を発した金融危機だけではなく、もっと広い意味で、世界における覇権の低下を意味している。

アメリカも覇権力の低下を自覚しており、世界をまるごとコントロールしようとする夢をあきらめ、部分管理によって自国の権益を守るという方向に転換している。すなわち、世界の各地域に展開していた軍事力を徐々に引き上げ、直接その国には駐留させないで沖合まで引いて、遠くから管理する大戦略（オフショア・バランシング）へのシフトである。

すでにフィリピンのスービック基地は撤退、韓国軍の有事統制下指揮権も二〇一二年までに韓国政府に返還する。そして、沖縄の米軍基地も段階的に縮小し、極東の軍隊はグアムに集約するという構想を立てている。

第二に、アメリカにとってアジア地域は、それほど優先度が高くないということがある。いまのアメリカにとってはもっとも大事なのは、エネルギーの一大産地である中東である。次に、歴史的に関係の深いヨーロッパが優先され、アジアは三番目である。

意外に思われるかもしれないが、もともとアメリカにとってアジアというのは、それほど戦略的に重要な地域ではない。広大な太平洋が間に横たわっているので、おいそれと攻め込んでくる国もないからである。

日本に攻め込まれた前例はあるが、それもハワイまでであり、その日本も二度と攻め込んでくることはない。弱体化したロシアがアメリカに対抗する力をつけるまでには、まだ相当の年月が必要である。

北朝鮮のテポドンはアメリカ本土までギリギリ届く距離にあるが、精度も低く、ミサイルだけ持っていれば戦争に勝てるわけでもない。北朝鮮自身も勝ち目はないのは知っているからまず撃ってこない。つまり、環太平洋地域における現実的な脅威は、もう事実上存在しない。

冷戦が去ったいま、アメリカが「もうそろそろアジアは手放してもいい」と考えるようになっても不自然ではない。実際のところ、アメリカの政治学者で東アジアの専門家であるロバート・ロスなどは、「むしろ地理的な状況のおかげで米中は平和に共存できる」というかなり楽観的な意見を以前から論じている。

中国に太平洋の西半分を明け渡してしまうことは、アメリカにとってもけっして好ましい事態ではない。しかし、中国にはマーケットとしての魅力があるため、良好な関係を築いておきたい。中国が日付変更線を越えて太平洋の東側に進出してくることはさすがにないだろうし、「それならば、太平洋の半分は獲られても、良好な関係の中で経済的交流を深めるのが得策だ」と考えている節がある。

だとしても、友好国の日本をわざわざ敵の手に渡すようなことをするだろうかという疑問が出てくるが、実際にこれはあり得る。

国と国が結びつきを強めるためには何が得策かというと、「共通の敵」を作ることに尽きる。そのとき、敵にする国は、それなりの格を持つ相手でないと話にならない。中国とアメリカの両方と距離的に近く、それなりの総合的な国力を持ち、脅威になり得る国と言えば、ロシアか日本しかない。

核の脅威という点から言えば、ロシアが米中共通の敵として適当かもしれないが、ひょっとしたら「ここらへんで日本にするか」という選択肢もなくはない。実際に太平洋戦争のときにはそういう構図が誕生しているのだから、「絶対にない」とは言えないし、実際にも九〇年代初期のクリントン政権ではかなり敵視されていた。

逆にロシアは天然資源が豊富であり、相対的に魅力が低下している日本より、いまはロシアを味方につけておいたほうがいいという判断は十分にあり得る。

いつまでも、アメリカとの蜜月関係が続くと日本人が勝手に思い込んでいるだけで、実は〝悪の論理〟によって、アメリカは同盟国でさえ冷徹に切り捨てることが十分あり得るのだ。

一九世紀のイギリスの首相であるパーマストンは「大英帝国には永遠の友も、永遠の敵もいない。あるのは永遠の国益だけだ」と言っているが、これこそが国際社会の真実の掟《おきて》である。

いままで日本とアメリカがうまくやってこられたのは、ソ連という共通の敵がいたからで、そのときには中国はまだそれほど力をつけていなかった。アメリカにおけるアジア地域の関与にとって日本とうまくやっていくことのほうが好都合だった、というだけにすぎない。そのパワーバランスが崩れているいま、アメリカが国家戦略を考える際の前提条件が変わってしまっている。

ソ連という共通の敵がいなくなり、アメリカとしては日本と仲良くする必然性がなくなった。一方で、中国が力をつけてきて、相対的に国力が落ちてきたアメリカ一国では、中国の台頭を抑えられなくなってきた。同時に、マーケットとして存在感を増してきた中国と、友好関係を結ぶ必要性が出てきた。

これら総合的な要件をいろいろ検討した結果、いずれアメリカは極東を中国に譲り渡す決断をするかもしれない。太平洋の覇権は中国に横滑りし、日本のボスがアメリカから中国にとって代わる。これが、近い将来に訪れるであろう悲劇のシナリオの背景なのである。

アメリカは地政学をいち早く取り入れ実践している国である。当然〝悪の論理〟で国益を第一と考えている。中国と手を組むことで国益にかなうのであれば、日本など簡単に捨ててしまうのである。

ユーラシア大陸を囲むアメリカの戦略

まずアメリカの地政学にある「世界観」について考えてみたい。

彼らは基本的に自分たちの国を「島国」だと思っている。北アメリカ大陸は地理上では五大陸の一つだが、地政学で「大陸」と言えば、それは唯一「ユーラシア大陸」を示すのであり、それ以外はすべて「島」として考えられている。

そしてアメリカ自身は、自分たちの存在する「西半球」を、東西からユーラシア大陸にある列強によって囲まれていると思っている。

地政学の用語ではこの状態を「包囲」（エンサークルメント）と言う。これはつまり、敵に囲まれているという意味なのだが、第二次世界大戦や冷戦時代の歴史的な脅威（欧州のナチス・ドイツ、アジアの大日本帝国、そしてソ連）があったおかげで、アメリカにとっては潜在的に、非常に高いレベルに相当する状況だった。

そこで、逆にユーラシア大陸を海側から囲み返してやろうとする力学が働く。この典型が冷戦時代に実行された「封じ込め政策」である。そのために強い海軍力を持ち、海を制覇することでランドパワーの拡大を抑える、という世界観をアメリカは持っている。

では、どういうふうにユーラシア大陸に関与していこうとしているかと言うと、基本的にはこの大陸を三つの大きな戦略地域に分け、それぞれの関与度合いをそのときの状況に応じて変化させていくという方針を打ち立てている。

三大戦略地域とは、戦略的な優先度によって、「中東」「ヨーロッパ」「東アジア」の順番になっている。日本にとってはアメリカがほとんど唯一の同盟国なので、国民も政府もかの国に非常な親近感を感じているのかもしれないが、残念ながらそれは単なる片思いにすぎない。

実は、アメリカにとっての日本というのは、ある意味で同盟国の中でもっとも優先順位が低い部類に入るのである。

その証拠に、まずオバマ大統領が就任後に最初に電話したのは中東の首脳だった。執務を開始した当日の二〇〇九年一月二一日に、イスラエルのオルメルト首相、パレスチナ自治政府のアッバス議長、エジプトのムバラク大統領、ヨルダンのアブドラ国王と電話で協議している。

ランドパワーを抑え込むための、アメリカの3つの「戦略地域」

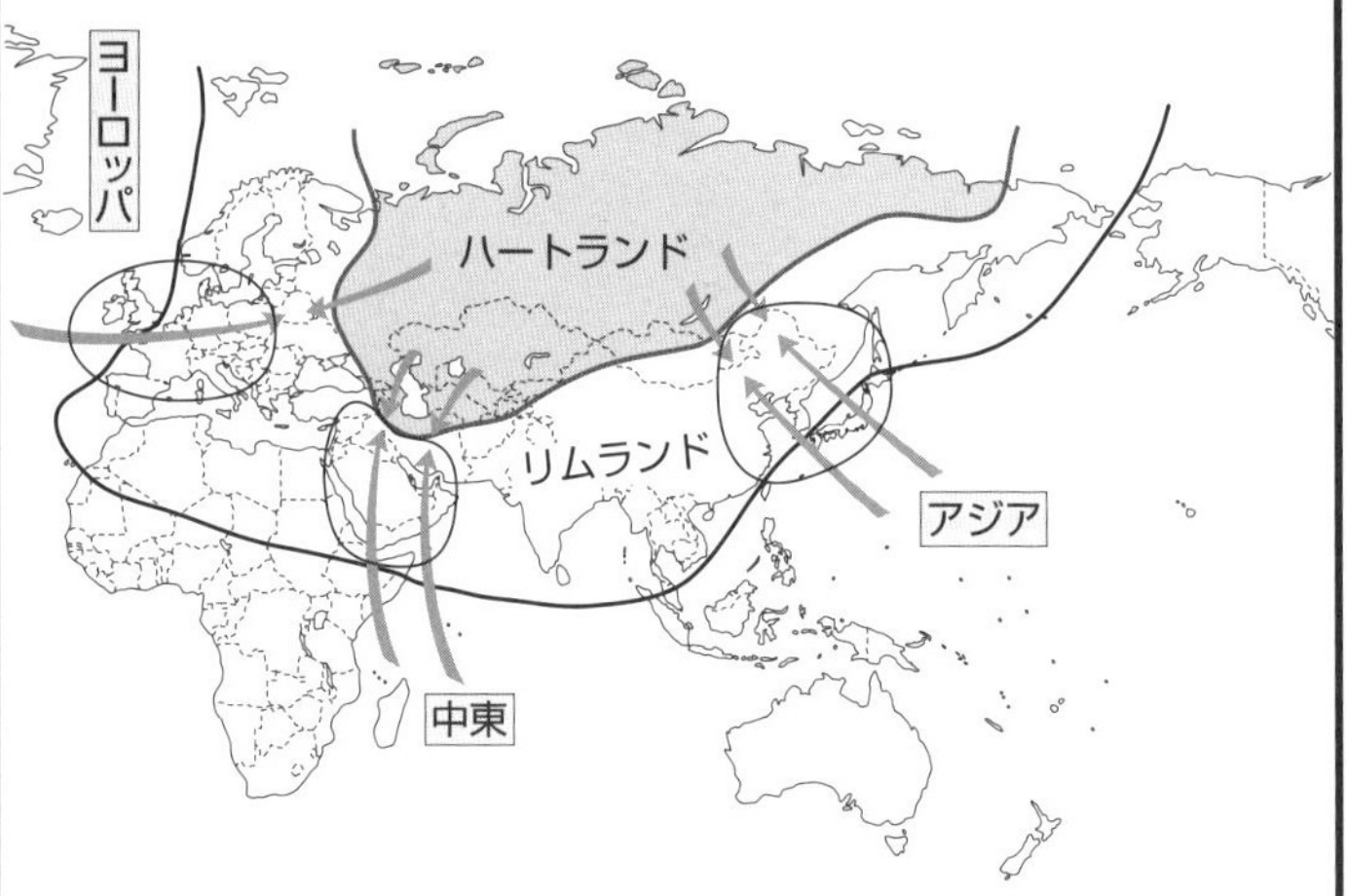

アメリカの戦略

ランドパワーが海に出ようとするときの3つの地域を「戦略地域」とし、そこを徹底的に抑え込むことにより、外洋からコントロールしていく戦略。

中東は、現在でもランドパワーとシーパワーが衝突している地域であるため最優先地域となっている。ヨーロッパは第二次世界大戦以降、東欧の共産諸国が崩壊していった過去から2番目の「戦略地域」となる。よって、戦後、もっとも安定しているアジア地域の優先順位が低くなってしまう。

また、オバマの最初の訪問地はカナダだが、これは歴代のアメリカ大統領は就任直後にカナダに訪問するという慣例にならっただけである。本格的な外遊としては、同年三月末から四月にかけて歴訪したイギリス、フランス、ドイツ、チェコである。

その後も、六月にカイロで「イスラム社会との協調」を掲げた有名な和解的な演説を行うなど、とりわけ中東を中心とした外交に積極姿勢を見せるが、アジアに来たのは就任してからようやく一年たってからであるし、ここで心に残るような有名な演説を行ったわけでもない。

クリントン国務長官は最初に日本に訪れたし、オバマ大統領が就任してから最初に会った外国のトップが麻生首相であった。しかし、同盟国のトップが一八時間も飛行機に乗ってかけつけたのに、オバマ大統領との会談時間はたった一時間ちょっとしかなく、昼食会も開かれない、非常に淡白なものだった。

これに比べて中東はエネルギーの主要産地であり、なおかつ、スエズ運河があり、ヨーロッパからアジアへの中継点、すなわち「チョーク・ポイント」でもあるという特性を持つ。ついでに、アメリカ最大の同盟国であるイスラエルもあるし、キリスト教の聖地もある。

アメリカにとっては、中東地域の重要性が突出して高い。そういう意味では、ヨーロッパと東アジアの優先順位がともに低いわけだが、二番目にヨーロッパがくるのは、歴史的つながりに関係した、精神的な近さである。アメリカの知識層の出自はだいたいヨーロッパなので、心理的な距離感が近い。

結果として、アジアの優先順位は相対的にどうしても低くなってしまうのである。

アメリカの最重要地域である中東戦略

次に、三大地域への関与の仕方について考えたい。これはアメリカの総合的な「大戦略」として、次の四つの度合いに分類することができる。

①完全支配（Primacy=プライマシー）
②選択的関与（Selective Engagement=セレクティブ・エンゲージメント）
③オフショア・バランシング（Offshore Balancing）
④孤立主義（Isolationism=アイソレーショニズム）

①の完全支配とは、アメリカが直接出向いていって、すべてを完全に管理下に置くことを指す。軍を常駐させ、積極的に政策に関与するものである。

②の選択的関与とは、アメリカにとって重要となる地域だけに駐留し、適度にコントロールすることを指す。

③のオフショア・バランシングは、その名の通り、直接地域には乗り込まないで、ちょっと離れた沖合から様子をうかがいつつ、間接的にコントロールしようとする方法。

④の孤立主義とは、米軍を撤兵させ、本当に必要なとき以外には海外に派兵しない戦略。アメリカは二つの海（太平洋と大西洋）の守りを固めるだけ。

このように、アメリカの関与の度合いには、大きく分けて四つの種類がある。

すでに述べたように、地政学におけるコントロールとは、自分の国に歯向かってこないように管理したり、工作を仕掛けることを言う。アメリカから見た場合で言うと、ハートランドやリムランドにいる国が海に出てこないように、互いに結託しないように管理することを指す。そしてこの大戦略は、そのときどきの情勢によって変更されることが多い。

たとえば冷戦時代のアメリカは、基本的にオフショア・バランシングの大戦略を採用していた。ヨーロッパや日本、そして朝鮮半島などには兵を駐留していたが、ユーラシア大陸の内部にはあまり派兵していないのである。

たとえば、中東地域はいま、アメリカにとってもっとも重要な戦略地域なのだが、この地域への兵力の投入を伴う本格的な関与は、第一次湾岸戦争のときのブッシュ（父）政権から始まったものであり、これは結果としてアメリカのグローバルな大戦略を「選択的関与」にさせたことになる。

ところが９・11テロ事件でネオコンの発言力が一気に増して、アフガニスタンへの派兵とイラク侵攻が決定したため、アメリカの大戦略は二〇〇〇年代に入ってから「完全支配」のほうに一時的に振れた。

ところが完全支配とは、前述したように直接支配のことなので、ある意味で米軍に負担が大きく、全体的にみれば一時的なものになることが多い。そうなると、これからの大戦略は「選択的関与」の方向に揺り戻しがくることが予想される。

また、冷戦後の経緯を大きく見てみると、アメリカの大戦略は「完全支配」と「選択的関与」の二つの戦略の間で揺れ動いていたと見ることもできる。

このような中東に対する大戦略は、一九七九年のカーター政権時代（カーター・ドクトリン）になって動きが本格化している（次ページ年表参考）。

それまでのアメリカは、中東にはあまり深く関与しない方針で、イランとイラクによるいわゆる「イラン・イラク戦争」のときも、秘密裏にイラク軍への援助をしていたことがのちほど明らかになったほど、あまり表立って直接介入はしていない。

つまり、このときのアメリカは「オフショア・バランシング」を実行していたと言える。ところが、一九七九年にイラン革命が起こると、イスラムの脅威が顕在化し、軍事的に介入する方向に転換した。

結果的に、これがのちに第一次、第二次湾岸戦争を招いた遠因になっているのだが、そのことについては後述する。

オバマ大統領はすでにイラクからの撤退を表明し、ほかの中東地域と同じく選択的関与のレベルまで後退させる予定だというが、いったん深く入りこんでしまったからには、途中で手を抜くわけにはいかない。

中東地域はイスラエル問題やイランの核問題があり、依然として危機の火種がくすぶっている。必要とあらば、再び「完全関与」の方向に傾くだろう。その証拠に、今回のオバマ政権のアフガニスタンへの（二回目の）増派決定は、それが最終的な撤退を意味しているものであったとしても、結局のところは「完全関与」への転換なので

「カーター・ドクトリン」以降のアメリカ中東介入史

1980年	前年のソ連のアフガニスタン進攻とイラン革命を受けて、カーターが「アメリカの国益である中東の油田を守るために、対外勢力のペルシャ湾岸地域に対する侵入を軍事的に阻止する」という主旨のドクトリンを一般教書演説で発表。 イラン・イラク戦争勃発。緊急展開部隊（RDF）創設。
1981年	レーガン政権発足。ワインバーガー国防長官がRDFを統合軍として格上げすることを提案。テヘランのアメリカ大使館の人質解放。米軍事費増額が決定。
1982年	レバノン内戦に関して海兵隊を派遣。
1983年	レーガン「悪の帝国」発言。中東全域などを統合するアメリカ中央軍(CENTCOM)の設立。ベイルートでヒズボラによる米国施設に対する爆破テロ続く。
1984年	レーガン政権、レバノンから海兵隊を撤退。
1985年	インド洋沖のディエゴ・ガルシア島に米軍が巨大な軍港と飛行場を完成。
1986年	リビアのカダフィ大佐を狙って米海軍がトリポリに空爆（リビア空爆）。
1988年	イラン・イラク戦争終了。フセインがクルド人に毒ガスを使用。
1989年	ブッシュ（父）大統領就任。中東に対する「包括的封じ込め」を提唱、「ならず者国家」を採用。レバノン内戦終了。
1990年	サダム・フセインがクウェート侵攻を開始。
1991年	第一次湾岸戦争勃発、中東和平マドリード会議、ソ連崩壊。
1993年	クリントン政権発足。中東に対する「二重の封じ込め」を提唱。「オスロ合意」が締結。
1995年	クリントン政権がイランに対して経済制裁開始。イスラエル・ヨルダン和平交渉締結。ラビン暗殺。
1996年	アフガニスタンでタリバンが政権に。
1998年	イラクに対して「砂漠の狐」作戦開始。
2000年	イエメンで米駆逐艦「コール」が爆破される。
2001年	ブッシュ政権発足。ニューヨークなどで9月11日に連続多発テロ事件、米アフガニスタン侵攻開始。
2002年	ブッシュ「悪の枢軸」発言、「ブッシュ・ドクトリン」、中東和平の「ロードマップ」提唱。国連安保理がイラクの大量破壊兵器の禁止を求める決議案採択。
2003年	第二次湾岸戦争、フセイン追放。ブッシュが中東全域民主化を宣言。
2004年	アフガニスタンでカルザイ政権発足、イラク戦争で米軍戦死者1000人超える。
2005年	イラク新政権発足、イラク戦争で米軍戦死者2000人超える。
2006年	イスラエル・レバノン紛争、イラク戦争で米軍戦死者3000人超える。フセイン処刑。
2007年	イラクに対する大規模増派案「サージ」を実行。
2008年	オバマ大統領選出。イラク戦争で米軍戦死者4000人超える。14万6000人がイラク駐留。
2009年	オバマ政権発足。アフガニスタンへ2回増派決定。

ある。

つまり、アメリカはいま、中東地域の問題で手いっぱいの状態である。「完全関与」というのはアメリカほどの力を持っている国でも国力へのダメージが大きいため、まずは「オフショア・バランシング」、そして最終的には「孤立主義」の方向にいくことは避けられそうにもない。

以前のアメリカであれば、ヨーロッパ、東アジアを含めた三つの戦略的地域について、それぞれに選択的関与を行うことが可能だった。軍事力も予算もあり、政治的影響力もあった。

しかし、アメリカの国力が相対的に低下してきたため、三地域での選択的関与を維持することが難しくなってきた。そこで、まず戦略的な重要度が低い東アジアを、「オフショア・バランシング」のレベルまで落とそうとしているのである。

なぜアメリカの湾岸戦争は失敗に終わったのか

湾岸戦争には第一次戦争（一九九一年八月〜一九九二年三月）と第二次戦争（二〇

〇三年三月～五月。「イラク戦争」とも呼ぶ）がある。ともに、アメリカを中心とする多国籍軍とイラクの間で行われた紛争であるが、地政学的に見ると両者には大きな違いがある。

第一次湾岸戦争は、イラク軍のクウェート侵攻から始まった。地図を見ればわかる通り、クウェートはイラクの海側をふさぐコブのように位置している。イラクも港を持っていることはいるのだが、クウェートが邪魔をしてほんの小さい港しか持てない。リムランドに位置するイラクとしては、国力を増すためにはシーパワーを手に入れたい。そのためには、海への出口をふさいでいるクウェートが邪魔である。これを併合して、広い港を手に入れ、海へのアクセスを確保しようという考え方が自然と出てくる。

このイラクのクウェート侵攻に猛然と反発したのがアメリカだった。当時のジョージ・ブッシュ元大統領（父）は嘘《うそ》の証言者まで担ぎ出して世論を動かし、湾岸戦争にこぎつけた。

ちなみに、「嘘の証言者」とは、アメリカ議会に招かれ、「イラク兵が病院で乳児を床にたたきつけて殺した」などと涙ながらに証言した、クウェートの少女のことである。戦争に疑問を抱いていたアメリカ国民は、その真に迫った訴えにすっかり心を打たれ、世論は一挙に戦争賛成へと傾いていった。

しかし、のちにこの件はプロモーション会社による演出であることが判明した。少女は駐米クウェート大使の娘で、現場にさえ行っておらず、証言はまったくの作り話であったことが発覚したのである。地政学においては、このような工作活動とプロパガンダも、研究および実践の対象の一つである。


やり方はさておき、中東におけるパワー・オブ・バランスが崩れ、リムランドの国がシーパワーの領域に進出しようとしたのだから、シーパワーのアメリカやイギリスがこれを阻止しようとするのは、地政学的に言えばまったく理にかなった行動だと言えよう。

そういう意味では、第一次湾岸戦争は成功裏に終わったと言える。のちにブッシュ父はフセインを取り逃したことを批判されているが、私はアメリカがその後の「イラク封じ込め」や「中東のコントロール」という目的のために、国力温存として当然の方法をとったままでだと見ている。

アメリカやイギリスにすれば、フセイン政権を打倒する必要は別になかった。リムランドの国が必要以上に海に出てこないようにして、中東地域でのパワーバランスが保てれば、アメリカにはそれ以上介入する理由はない。

逆に、必要以上に深く介入してしまうと、手痛いしっぺ返しを食らう危険が高い。いかなる国もシーパワーとランドパワーを兼ねることはできない。シーパワーの国がユーラシア大陸へと必要以上に深く入り込んではならないという地政学の鉄則を、ジョージ・ブッシュ元大統領はよくわかっていたのである。

案の定、根拠も怪しい「イラク脅威論」をぶち上げて、必要以上に深く湾岸地域に入り込んでしまった第二次湾岸戦争は、泥沼の「テロとの戦い」にすっかり手を焼く結果にとなってしまった。

第一次湾岸戦争のときには、「リムランドのイラクが海に進出する」という地政学上の危機があったわけだが、第二次湾岸戦争のときはそのような危険はない。イラクはアメリカが主張した大量破壊兵器も実際には持っていなかったし、9・11テロもイラクの仕業というわけでもなく、せいぜい間接的にアルカイダを支援した疑惑があっただけで、これも証明されたわけではない。

国際社会の賛同も得られず、結局、国連決議（一四四一）もあいまいなまま、アメリカは単独で開戦に踏み切った。地政学的な理屈というより、9・11テロへの報復と、ジョージ・W・ブッシュ前大統領の個人的な恨み（父親のジョージ・ブッシュ元大統領をテロの標的にされた）のためだとする分析もある。

仮に地政学的な意味を探すとすれば、巷間《こうかん》言われている通り、原油高を演出するための方便だったということになるだろう。すると、リムランドのイラクが外に出てこようとしたから抑えたのではなく、むしろシーパワーのアメリカが、富を簒奪するためにリムランドに手を突っ込んだ形になる。

そうなると、アメリカの主張に反対の立場を明確にしたのがフランスとドイツだったのも意義深い。とくにドイツは、過去に地政学の本場であったことからわかるように、国家の土地争いに関する感覚が鋭い、リムランド内の有力国の一つである。ドイツの行動は、アメリカというシーパワーがユーラシア大陸にこれ以上介入してこないように、陸側からシーパワーの分断工作を仕掛けた、と見ることもできる。

つまり、地政学的に言えば、第二次湾岸戦争というのはもともとアメリカにとって分が悪い作戦だったのである。

地政学的な考え方にのっとって冷静に戦略が組み立てられればよいのだが、国家というのは往々にしてイデオロギーや宗教観、それにマーケットの論理で動いてしまうことがあり、このような観点から先行きを読み間違えてしまうことが多い。第二次イラク戦争は、このような読み間違えの、典型的な事例と言える。

アメリカが中国とパートナーシップを組み始めた

９・11テロ以降、アメリカの大戦略には、二つの大きな方針がはっきりと見えている。

一つは、カーター・ドクトリンから続く、中東に対する完全関与、選択関与政策の推進。これは二度の湾岸戦争を通じて、否が応でもさらに深く中東へと関与せざるを得なくなったからである。

もう一つは、中国とのパートナーシップ関係の確立である。

二〇〇八年、フレッド・バーグステンらが『フォーリン・アフェアーズ』誌で発表した論文が物議をかもした。

【米中によるG２の形成を（『フォーリン・アフェアーズ』日本語版、二〇〇八年七月合併号より）】

Ｃ・フレッド・バーグステン／ピーターソン国際経済研究所所長……現在のア

メリカの対中アプローチは、既存のグローバル経済秩序に参加するように中国をうながすことに焦点を当て、一方の中国は、制度構築上の役割を担う余地のないシステムに組み込まれるという構図を不愉快に感じ、一部で制度に挑戦する動きを見せている。

ワシントンは、短絡的に米中間の二国間問題にばかり焦点を当てるのではなく、北京とグローバル経済システムを共同で主導していくための真のパートナーシップを構築していくべきだ。

グローバルな経済超大国、正当な制度設計者、国際経済秩序の擁護者としての中国の新たな役割に向けて環境を適正化できるのは、米中によるG2構想だけだ。米中間の紛争を制度的な管理の問題に置き換えて、解決を試みていくことは極めて効率的なやり方である。

【無極秩序と米中関係—可能なら協調し、無理なら関係を控える選択的パートナーシップを（同誌）】

リチャード・N・ハース／米外交問題評議会会長……米中が必要としているのは、「国防や安全保障といったもっとも根本的な問題について歩調を合わせようとする同盟関係とはまったく違う、それよりもずっと軽いコミットメントだ」。これを、利害が一致する場合には協調していくことに向けた、双方の意思と能力が支える「選択的パートナーシップ」と呼ぶこともできる。

関係全般を可能な限り協調路線へと向かわせ、合意できない部分については問題を管理し、意見の対立がパートナーシップや協調に悪影響を与えないように努めなければならない。これが米中にとっての今後の課題であることははっきりしている。

アメリカと手を携えることは自国の利益になるとの思いを中国が強めるような関係、そして協調が不可能な場合には両国がかかわりを控えるような関係を実現するために、われわれは共に努力していく必要がある。

アメリカが、中国との関係を強化したい理由は、もちろん一三億人の巨大なマーケットへのアクセスを確保することもあるが、結局のところは中国の台頭を抑えられなくなったからである。簡単に言えば、「もし勝てないならば、仲間になれ（If you cannot beat them, join them）」＝「長いものには巻かれろ」ということである。

冷戦時代、ソ連を軍拡競争に引きずり込んで見事に勝ったアメリカは、そのときはまだ体力があった。お金もあったし、国内生産力もあった。ところが、勝利の代償は重かった。レーガン政権あたりから始まった「強いアメリカ」のおかげで巨大な予算を軍事費にとられ、アメリカはすっかり借金体質に変わってしまった。

いまでもアメリカは世界一の経済大国であるが、GDPの七〇%以上が「消費」である。普通、GDPというのは国内で生産された財の総計のことだが、アメリカは作って売る以上に買っている。そしてその差額分は、すべて借金となる。

借金でなんとか国家財政が保たれている体制というのは日本も同じだが、日本はまだ産業が健在で、貿易黒字なのに対して、アメリカは長年の財政と貿易の双子の赤字に悩まされている。つまり、アメリカの体力が冷戦時代より確実に落ちていることだけは間違いない。このために、台頭する中国を実力で抑え込むことができなくなってしまったのである。

そこで、アメリカでは中国を実力で抑えつけるのではなく、経済発展を基礎においた「ソフトパワー」によって、内部から変革をもたらすように仕向ける戦略にシフトしている。

これは有名な地政学者であり、政府の政策ブレーンも務める実務家のズビグネフ・ブレジンスキーもはっきり言っているように、「中国を自由経済の世界に取り込んでしまえば、いずれ自ら民主化に向かうだろう」と期待しているのである。

いまの中国に繁栄をもたらしたのは、もちろん八〇年代からの積極的な自由経済の導入にある。これによって国内ではかなり自由化が進んでいる。いまはまだ、中国共産党の一党支配が続いているが、すでにインターネットが普及し、ある程度言論の自由が確保されつつある。

自由の味を知ってしまった中国人一三億人の莫大なエネルギーを、政府がいつまでも力で抑えつけられるはずはない。そうなると、いずれはなんらかの形で民主化運動が再び全土に広がることになるかもしれない。

その結果、自由経済がさらに促進されれば中国の国力はさらに増すことになるのかもしれない。民主化さえしてしまえば、アメリカが中国に感じる恐怖の度合いははるかに低下する。しかも軍事衝突をともなわずに平和的に民主主義化してくれるのなら、アメリカにとっても願ったりかなったりである。

中国の民主主義化に対するアメリカからのアプローチはいまに始まったことではなく、クリントン政権時代に打ち出した「エンラージメント」という政策がこれに当たる。

「エンラージメント」とは、冷戦期の「封じ込め」に代わる政策として九〇年代初期に考え出されたもので、「拡大政策」などと訳される。

この政策ではアメリカはけっして相手の国内体制を認めるわけではないが、直接の軍事的脅威がない場合は、むやみに敵対するよりマーケットの力を通じて自由民主主義陣営に迎え入れることによって、長期的に国内体制を変化させていこうとするものである。

この政策は、クリントン政権のときの安全保障アドバイザーであり、任期中にはボスニア・ヘルツェゴビナ紛争の解決に尽力し、現在はオバマ政権でも外交顧問を務めているアンソニー・レイクが指南した政策である。

当然のように、彼のような米政府の外交アドバイザーたちが地政学的な思考を身につけていることは言うまでもない。

北朝鮮問題を中国に任せたアメリカ

アメリカはアジアへの関与を薄めようとしており、その証拠のうちの一つが、二〇一二年までに朝鮮半島での有事統制権がアメリカから韓国軍に移譲されるという事実である。

韓国軍の指揮権は朝鮮戦争中の一九五〇年に国連へ移管され、その後、在韓米軍司令官に引き継がれた。平時の統制権はすでに九〇年代に韓国軍へ返還されていたが、それでも有事の際には韓国軍は在韓米軍の指揮下に入ることになっている。

朝鮮戦争当時ならいざしらず、韓国側にとっては自国の軍の統制権を返還してもらうだけだし、すでに韓国軍は近代的な装備で北朝鮮を圧倒している。よって、このような話はいまさら驚くべきことでもないような気もするが、それでも額面通り受け取るわけにはいかない。何と言っても、北朝鮮は核兵器を持っている疑いが濃厚なのだ。

それでなくても金総書記の健康不安を抱え、体制の行方が渾沌とする北朝鮮は、「いっそリスクをおかしてでも起死回生の南北統一を」と、開戦に踏み切る可能性がないとは言いきれない。その微妙な時期に、アメリカ軍が朝鮮半島で軍事的プレゼンスを弱めるという意味がどういうことか、アメリカ自身もよくわかっている。

つまり、「朝鮮半島は中国に任せて、アメリカは一歩引く」という方針に傾いているのである。

アメリカが朝鮮半島から手を引くということは、韓国と北朝鮮の一騎打ちになるというわけではなく、「後見役」が中国に変わるということである。その場合、中国はやたらと一方的に北朝鮮に肩入れしないで、両国のバランスをとりながら、それなりにうまくやってくれるだろうと、アメリカは見ている。

実際、私が直接話を聞いた在英中国大使や、地政学を勉強している中国人の友人との話をまとめてみると、朝鮮半島情勢について共通しているのが「現状維持」を望む姿勢である。中国の基本方針としては、とりあえずは北朝鮮と韓国の分断体制のままずっと維持していくことが望ましいのである。

仮に北朝鮮の体制が崩壊すれば、大量の難民が中国へと流入することになる。それは中国にとっても避けたいシナリオだ。いまの分断体制ができるだけ長く続いてくれることを、中国も望んでいる。そういう意味で「現状維持」なのである。

アメリカも、その点では思惑は一致している。というより、アメリカ政府としては朝鮮半島情勢には実はあまり関心がないといったところが本当のところである。

とにかくいまは、中国との経済的な関係が優先である。朝鮮半島情勢が「現状維持」であれば、アメリカとしては現実的な脅威はないから、ある程度中国の好きにさせてやってもいい。むしろ北朝鮮に対する中国の影響力がさらに強まることは、核の安全管理上好ましい事態でもある。

六カ国協議で中国を議長にしたのはアメリカだが、その過程を見るにつけ、実はアメリカは、北朝鮮政策を本気でやる気がないのがわかる。ところが中東やヨーロッパではこうならないはずで、アメリカは絶対にイニシアチブを握ろうとする。

ところで、日本として気になるのは、やはり朝鮮戦争の再発の危険である。

これについては「発生する可能性がある」と考えている人が、とくに地政学的な思考をする研究者の中で多い。たとえば「アジアから撤退しろ」と以前から訴えているテッド・グレン・カーペンターとダグ・バンドウという学者たちは、著書『朝鮮半島の難問（The Korean Conundrum）』の中で、「二〇一三年に朝鮮戦争が起こるかもしれない」というシミュレーションを行っている。

また、私が直接話を聞いた韓国海軍の幹部も「統一の過程では、第二次朝鮮戦争は避けられない」と言っている。

彼が想定している朝鮮統一のシナリオは、実は二つある。

一つは、韓国軍の特殊部隊が北朝鮮の首都、平壌に特殊部隊を大量に送り込み、政権首脳部だけを暗殺し、北朝鮮を一気に制圧してしまうというもの。つまりこれは「首切り」戦略なのであり、基本的には「韓国による武装中立」状態の実現である。

もう一つは、朝鮮半島全体を完全非武装化し、強力なバッファゾーン（緩衝地帯）とするというもので、アジアにおいてスイスのような完全中立国をつくってしまえというもの。つまり「非武装中立」である。

ただ彼は、この二つのシナリオでは激烈な内戦が避けられないかもしれないと冷静に分析している。内戦が収まったら、韓国側による武装中立か、北の核を放棄した朝鮮半島全体の非武装化が行われることになる。その間は、「アメリカも中国も手を出すな」というわけである。

この彼のシナリオは面白いとは思うが、現実的には不可能だろう。彼は韓国人なので、自国がいつまでも列強の支配下にある現状をなんとか打破したいという考えが多分に入っている。

スイスはヨーロッパ大陸の真ん中に位置し、峻険《しゅんけん》な山岳地帯に囲まれ孤立しているため、列強の干渉を受けない好立地にある。このような「地の利」があって、はじめて非武装化が実現できたにすぎない。

その点、半島というのは位置的にどうしてもパワーのぶつかるところなので、非武装化はまず無理である。朝鮮半島の人々にとっては気の毒かもしれないが、彼らは地理的に、アメリカや中国のような大国とどうやって折り合いをつけていくかということを永遠に考えていかなければならない宿命にあるのである。

ヨーロッパはすでにアメリカが掌握している

アメリカにとって二番目に重要な地域、ヨーロッパに対しては、彼らは一貫してNATOを手足に使ってコントロールする政策をとっている。

ご存じのように、NATOとは北大西洋条約機構のことであり、ヨーロッパの主要国に加えてアメリカ、カナダが参加する多国籍軍である。しかし、実態はアメリカの影響力がとてつもなく強い、準米軍とも言える組織である。

一九五〇年に発足したのだが、以来五〇年間以上、NATO軍の軍人のトップ（欧州連合軍最高司令官）はずっとアメリカ人である。

「EUの枠内で独自の軍事力を持ってはどうだろうか」という議論がされたこともあったが、それを「NATOがあるから不要だ」と言ってやめさせたのは、ほかならぬアメリカである。

その理由は、アメリカはヨーロッパを自分の「裏庭」にしておきたいからで、そのためには軍事的プレゼンスを絶対的に崩すことはできない。

冷戦が終わって、すでに軍事的脅威が去っているようにも見えるが、それはやはり一時的なものである。たとえば、ハートランド随一の強国であるロシアは、再び国力が回復すれば、かならずそのパワーを外海に向けてくる。しかもいまロシア政府が何を考えているか、どういう行動をしているのか、というところは関係ない。ランドパワーの国というのは、そういう性質を持っているからである。

二〇〇〇年代に入ってユーゴが解体し、クロアチア、セルビア、ボスニアなどの国が誕生し、それぞれが民主化していった。すでに冷戦終焉からこのかた、中央ヨーロッパの共産主義国が次々に民主化していることにより、ロシアにとっては西ヨーロッパからどんどん押し込まれている形になっている。

この状態をロシアがいつまでも甘受するはずはない。

実際、プーチン前大統領は二〇〇八年の夏に起こったグルジア紛争に乗じて、その周辺地帯を強引に管理下に置こうとしている。仕掛けたのはグルジア側だと言われているが、それに乗じて、グルジア内の民族運動を焚《た》きつけて、南オセチア自治州、アブハジア共和国の独立を勝手に承認し、この二地域に軍を駐留させている。

ロシアがそこまでするのは、グルジアが彼らにとって地理的に重要な戦略地域だからである。

まずグルジアのまわりには、国家戦略上の重要な地域が多い。たとえば、ウクライナはロシア最大の穀倉地帯であり、アゼルバイジャンには大油田がある。そしてグルジア自身は、ロシアからすると黒海に出るルートの上にある。ロシアとしてはここを獲られるわけにはいかない。

しかし、今回のグルジア紛争で、黒海がすでに西側の軍事機構であるNATOの領海であることが明確になってしまった。NATOの領海ということは、すなわちアメリカの「内陸海」になってしまったことを意味する。

ソ連時代は、黒海はソ連の「内陸海」だった。ところが、ソ連が崩壊してロシアになり、国内情勢の安定化に四苦八苦しているうちに、NATOが前述したレイクの推奨した「拡大政策」によって、黒海を制覇してしまったのである。

ロシアとNATOの影響圏というのは、もともとはトルコのボスポラス海峡のところで東西に分かれていたのだが、この前のグルジア危機のときも、アメリカの船(軍艦も)がグルジアにほど近いソチ(ロシア領にある港)まで堂々と入ってきて荷物を積み下ろしている。それをロシアは許してしまっている。

このとき、すでに黒海はロシアの海ではないことがはっきりした。ソチの近くにはセバストポリというロシア海軍の中でも大きな軍港があるが、それでもロシアはアメリカ海軍の船がわがもの顔で目の前を通り過ぎるのを阻止できない状態なのである。

これはアメリカのシーパワーが、ヨーロッパのかなり奥深くにまで浸透していることを示している。ロシアはもうすでに巻き返す力はない。せめていまの勢力図を維持したいといったところだろう。

ロシアは伝統的に、国境というものに対して「バウンダリー」というよりも「フロンティア」という概念を強く持っているところがある。「バウンダリー」というのは一般的な国境線の概念であり、隣り合った国との境界を、縦に線を引くようにはっきり決めて、お互いの国の権益の範囲を確定することを狙うものである。

ところが、ロシアは「フロンティア」のほうを好む。これは、お互いの勢力圏の間にあいまいな部分をあえて残す方法のことで、強力な国との間に二つくらいの小国を用意しておくのが理想的な配置である。ロシアにとってグルジアというのは、そういう役割を果たす格好の国である。

「フロンティア」というのは、ランドパワーの国に多く見られる考え方である。

シーパワーの国では海が自然な緩衝地帯の役割を果たしてくれるので、それを必要としない。しかしランドパワーの国には、陸続きというアキレス腱《けん》がある。陸というのは人や物資が容易に渡ってくることができるため、基本的にそれを完全に防ぐ手立てはない。だから、常に相手に攻め込まれるのではないかという恐怖を抱えやすく、どうしても緩衝地帯を置きたがるという性質があるのである。

中国に対抗できなくなったアメリカの権威

これまで、アメリカと中国の地政学的な戦略をひと通り見てきたところで、アメリカは中国のシーランド進出をどう思っているのか、もう一度改めて考えてみたい。

すでに、中国は着々と海への進出を進めている。その状況はアメリカもわかっている。つまり、現時点でのアメリカの対応を見ると、基本的には静観の構えだということがわかる。

なぜかと言うと、中国が盛んに小笠原諸島あたりの海域を調査しているのに対し、アメリカは哨戒機を飛ばすくらいはするが、それ以外の目立った行動はしていない。

さらに、そんな時期に、太平洋に展開していた軍事力をグアムに集約する構想を打ち出している。

アメリカも中国が海へ出て来ることを警戒しているが、現実的に、太平洋の全域を守る力はもうない。それなら、確実に守れるラインまで引いて、しっかり守ろうというわけである。

しかし、ここで疑問なのは、アメリカの軍事力が世界に対して圧倒的な状況は変わらないし、人口も世界で三番目、経済力はやや落ちたとはいえ、いまでも世界ナンバーワンである。「何も落ちていないじゃないか」と思うかもしれないが、実はそうではない。

現実に客観的な数値上の優位性が崩れたかどうかではなく、「そう思われている」ということが政治的にはより重要な意味を持つのである。

すなわち、現実にアメリカの力が衰えたかどうかではなく、「アメリカもそろそろ終わりだな」とか、「やきがまわったな」という雰囲気が世界中で起こっていることが重要なのである。

二〇〇八年に金融危機が起こったといっても、アメリカ経済が相対的にそれほど落ち込んだわけではない。しかし、「これでアメリカ一極支配は終わった」と印象付けたことが重要である。実際に、中国や中東などは、「いまだ」とばかりに攻勢を強めている。

レーガン政権時代、冷戦に勝ち、世界で唯一の超大国になったアメリカは自信にあふれていた。「俺たちが世界で一番になった。アメリカこそ世界のリーダーたりうる国だ」と思ったことだろう。

経済的には日本に負けたが、それでも強気だった。『文明の衝突』を著したサミュエル・ハンチントンが猛烈な日本たたきをしたのも、「世界の盟主であるアメリカは経済でナンバーワンである必要がある」という高いプライドが背景にあったからである。

だが、世界で唯一の超大国となったのに、アメリカの言うことにどこの国も従わなくなった。ジョージ・ブッシュ（父）大統領時代には湾岸戦争に勝利するなど、それなりに世界のコントロールはできていたが、クリントン時代になると、コソボ紛争やパレスチナ問題で躓《つまず》いた。

アメリカの掲げる理想を達成するのは、どうも無理ではないかとアメリカの政策担当者たち自身が思い始めたのである。「いい気になって舞い上がっていただけで、世界をどうにかできるなんて、とんだ思い上がりだった」と。

アメリカの権威を落としたのは、決定的には第二次湾岸戦争の失敗だろう。このときには、フランスとドイツの思わぬ反対で、国連決議が紛糾した。これまではアメリカが「やるぞ」と言えばどの国もついてきたのに、このときはそうではなかった。世界のリーダーとして認められていたころの面影はなかった。アメリカ自身、「単独行動主義」と言われること自体心外だっただろう。

そのことを決定づけるかのように、安全保障論、テロリズム研究で有名な政治学者であるシカゴ大学教授のロバート・パップは、昨年アメリカの覇権についてのある興味深い論文を発表している。

「わが国は、前例のないほどの衰退を迎えている。自身が悩まされているイラク戦争、財政赤字、ますます消極的な経常収支、その他の国内の経済的弱点などで、情報やテクノロジーが急速に広がっている今日の世界において、わが国のパワーは相対的に低下している。もし現在の兆候が続けば、未来の歴史家たちはブッシュ政権時代が冷戦後のアメリカの『一極覇権の終焉』を示していたと書くはずだ（以下、省略）」。

もはやアメリカはイラクとアフガニスタンという中東への武力介入によって、経済的な疲弊はおろか国力そのものも失ってしまった。アメリカ自身がそれを認めてしまったいま、彼らの戦略が大きく変わってきていることは言うまでもないだろう。

つまり、アメリカは東アジア地域において、台頭する中国に対抗する力を失ったのである。

「アメリカ・日本」VS.「中国」のシーパワーとランドパワーの闘い

世界での発言力の低下により、アメリカは東アジアにおける覇権をある程度中国に明け渡さざるを得ないという腹をすでに決めている。この中には日本も含まれるが、日本という国、あるいは日本列島という地理上の地域が、アメリカにとって地政学的にきわめて重要な位置にあることに変わりはない。

現在のランドパワーの中でも二大勢力である中国、ロシアの太平洋側の防波堤の位置に日本はある。リムランドを分断する工作をするための足がかりとしても日本は外せない。

アメリカにとって、日本はアジアの中で最大の同盟国であることに変わりはなく、経済力もあり、文化程度も高い。西側諸国では敏感な問題である人権意識もほかのアジア諸国に比べれば格段に高い。何より、老獪《ろうかい》な中国人よりお人好しの日本人のほうが御しやすく、子分にしておくには好適な存在である。

日本との蜜月関係を解消することは、アメリカの国益に照らして考えにくい。

たしかに、一時期はジャパン・バッシングと言われる状況もあったが、いまはむしろ気を使い始めている。

オバマ政権になって、クリントン国務長官が最初に訪れたのは日本だった。そういう意味では一時期の日本へのバッシングの揺り戻しで、「これ以上やって日本がへそをまげたら困るので、ちょっと持ち上げておこうか」という風潮さえ出てきている。

すなわち、日本が中国の属国になるというシナリオは、アメリカも望んでいない。沖縄から米軍が撤退しない限り、沖縄の独立は無理だし、そうなれば中国は日本攻略の足がかりを作れない。だから、米軍としては基地を縮小したとしても沖縄を離れるつもりはさらさらない。

問題は、アメリカの経済弱体化が実際にどこまで深刻化するかである。アメリカの強大な軍事力を支えているのは経済力という背景がある。軍事力が大きいということはそれだけコストがかかっている。経済の弱体化はそのまま軍事力に影響する。コストが維持できないとなれば当然削っていかざるを得ない。現実的に沖縄の米軍基地を維持できなくなる事態がこないとは言えまい。

そうなったときに、アメリカの描いているシナリオとしては、中国がリムランド化し、力をつけすぎたときの分断工作だろう。

中国は多民族の国だし、無理やり軍事力で勢力圏に取り込んだ地域がたくさんあり、揺さぶられると弱いところがある。

統一文化圏として二〇〇〇年も続いてきた中国だが、本来は多民族国家である。共産党一党支配だから一つの国として成り立っているが、民主主義化して共産党の一党支配が崩れれば、まず間違いなく、チベット、モンゴル、ウイグルは独立運動を展開するだろう。

その過程で当然独立戦争、内戦、テロなどが起こる。こういう事態は容易に想像できるため、中国政府も完全な民主化はしたくない。だから、日本やアメリカとしては、そのウィークポイントを突けばいい。

中国は経済的に発展することで、いやおうなく民主化に近づいていくだろうから、独立問題はこれから中国の最大の懸案になる。独立勢力に資金を提供するなどすれば、中国をおおいに困らせることができる。

果たして、アメリカと中国、日本の関係はいかなるのか。そして、これから日本はどうすべきなのか。地政学的に見た答えを次章で述べていく。

第6章

属国か独立か、日本が迫られる選択肢

日本に残された三つの選択肢

中国の台頭、アメリカの覇権の低下により、日本は岐路に立たされている。

これまで日本はアメリカに追従していればよかった。しかし、現在の状況は、どうもそれでは立ち行かなくなっている。最悪は、中国の属国となり、日本という国がなくなってしまう可能性まで考えられる。それを防ぐためにわれわれは戦略を持たなくてはならない。

これは考えようによっては大きなチャンスである。戦後から事実上、アメリカの属国として飼いならされ、自らの戦略を持ち得なかった日本が、はじめて自分たち自身でビジョンを掲げ、アメリカやヨーロッパの物真似ではない自分たちの国づくりをしていくチャンスである。

その戦略を持つためには、前提として世界観を持たないといけない。「日本とはどういう国で、世界に対して何をしていくんだ」というビジョンである。

日本はなんとなく世界観らしき雰囲気は持っているが、明文化できていない。世界観をはっきりと持たなければ、これからの時代に対応していけない。単に経済が弱体化して、国際的な地位が低下するだけにとどまらず、日本の中で紛争が起こったり、他国に併合されて思想改造されたりするような事態もなくはない。

それを避けるために、しっかりビジョンを持って国家の目標を見据えなければならない。結果として、それでも中国の属国になるかもしれないが、ちゃんと意思を持って属国になるのと、アイデンティティを失って、混乱しているうち支配下に置かれてしまうのでは内容が違ってくる。

どんな方向かはさておいて、日本はこれからどうするのか、しっかりとビジョンを持つ必要がある。そのうえで、日本が選択する道を切り開かなければならない。

しかし、どのような世界観を持つにしろ、日本がとるべき選択肢は、たった三つしかない。日本という国の地理的条件、つまり、地政学的に言って三つしかないのである。

一つめは「アメリカとの同盟関係を継続する」という選択、二つめは「中国の属国になる」という選択、三つめが「独立」である。

日本は、海洋に浮かぶ島国にある単一国家で、太平洋の覇権を狙う中国と、現在覇権を握っているアメリカに挟まれている。アフリカや南アメリカ諸国のように、同じ島国でも（地政学では、南アメリカ大陸もアフリカ大陸もいずれも島と位置付けられている）同盟できる国があるが、日本にはそれがない。

たとえば、イギリスはアメリカとの強力な同盟関係、ＥＵの一員としての立場、かつての植民地との主従関係など、三つの勢力圏を有しており、いろいろ選択肢が広い。

一方、日本にはいま、アメリカとの同盟関係しかなく、アジアの中では友人も少ない。

結果、このままアメリカとうまくやっていくか、中国に乗り換えるか、さもなければたった独りで自立するかの三つになる。ほかにも選択肢はありそうに思えるが、少なくとも、地政学的には、どう考えてもこの三つしかないのである。


常識的に見れば、一つめのアメリカとの同盟関係の維持が現実的である。

これはつまり、現状維持ということだから、何も変える必要はない。もちろんアメリカのプレゼンスが弱まるトレンドにある中、子分でいることのメリットは多少低下するだろう。アメリカは力が弱ってさらにわがままになって、日本に無理難題を吹っかけてくるかもしれないし、それによって日本の国力もさらに低下するかもしれない。

とはいえ、急激な変化はなくリスクもない。アメリカが奇跡的な復活を果たして、再び世界の盟主となる可能性もゼロではないだろう。

ただ、アメリカとの同盟関係の維持という選択肢は、いずれ終焉を迎える。つまり、いまのような形でのアメリカとの同盟関係はいずれ解消しなければならない。それがどのような形かは後述する。

すると、事実上、選択肢は二つしか残されていない。中国の属国、もしくは独立である。この二つのうちどちらがいいかと言えば、独立がいいに決まっているが、実際にはかなり困難な道のりである。独自に核武装するか決めなければならないし、国連の中で味方になってくれる国をこれからつくっていかなければならないからである。アメリカとの関係が悪化すれば、G7の仲間にも入れてもらえなくなるかもしれない。

自立と言えばかっこうはいいが、なかなか大変である。これまで独りで何かをやってきたことのない日本には、現実的にかなり難しい話になる。

たとえば、あなたの勤めている会社がどうも右肩下がりになって、数年ももちそうもないという状況を考えてみてほしい。あなたに残された道は、会社が倒産するまで居続けるか、これまで毛嫌いしてきたライバル会社へ移籍するか、あるいは独立起業するかしかない。

独立できればかっこうはいいが、家族を食わせていくためにはかなりのリスクを背負うことになる。独立は現実問題としてリスクが大きすぎるのである。

となると、残された選択肢は、中国による属国化しか残っていないことになる。

すでに、事実上、日本は中国の属国化への道を歩み始めてしまっているのかもしれない。民主党が親中派であることも中国属国化への第一歩と見ることができる。その民主党の大勝も、実は仕組まれてあったものだとすると、見方が違ってくる。すでに、中国による日本支配は始まっているのかもしれないのである。実際、国際的な企業の戦略担当者に聞くと、中国の属国化を現実視する声が意外に大きい。

ただし、見方を変えれば悪いことばかりではない。いままで日本が中国を毛嫌いしていたのは、敵という立場だからにすぎないという場合もある。仲間になってみれば、案外いいやつかもしれない。こういうところから、中国に乗り換えることを現実視する声が実際にある。

以上、三つの選択肢について、いろいろ異論はあるのだが、それぞれについて詳しく見ていくことにしたい。

アメリカの働きアリとなって共倒れするか

アメリカとの同盟関係の維持は可能だろうか。

しかし、これまで述べたようにアメリカ自体が危ない状態で、関係維持がどうやら難しい。それゆえに「日本の将来が危ない」という理屈になっているわけで、事実上この選択肢はない。まだしばらくはアメリカの経済も持つだろうから、すぐに危機がやってくるわけではないが、基本的には問題を先送りするにすぎない。

それでもこの選択肢を選ぶとすれば、疲弊したアメリカ経済を延命するために、日本がこれからもお金を貢ぎ続けなければならないだろう。アメリカ国債やアメリカの会社の不良債権を大量にしょいこまされるだけである。

アメリカは軍事力を維持するお金がなくなるので、太平洋に展開する米軍が抱える莫大な軍事費はもちろん日本が持つ。そうして、日本をアメリカの足がかりとして維持し続ける。

外交も、軍事も、政治もアメリカ頼みの現状は変わらない。アメリカが世界の中での地位を落としていくと、つき従っている日本の地位も一緒に落ちる。落ちぶれた者同士でなんとか支え合っていくという構図となる。

この場合、日本は世界観を持つ必要はない。これまで通りぼんやりでいい。アメリカの世界観に乗っかってさえいればいいので非常に楽。何も考えることはない。日本は、ゆっくり衰退しつつ、変化の少ない平和な日常の中で、じっくり好きなモノ作りでもしていればいい。

これはある意味、幸せな状態である。

ただ、続けていけばいずれ日本自体も破産する。

アメリカとの安全保障を維持すれば、アメリカの経済を支える立場を期待され続ける。いま現時点で日本はアメリカ国債の最大の引き受け手であり、約二〇〇兆円分をすでに買っている。日本自身の借金も八〇〇兆円あるのでけっして余裕があるわけではない。さらにアメリカ国債を買い増すのは簡単ではないが、それも無理して買う。

二〇〇兆円のアメリカ国債を売ればとりあえずひと息つけるが、それをやるとアメリカ経済がそれこそ破綻してしまうのでできない。結果、アメリカの負債が日本に移動するだけで、最後は共倒れというシナリオとなるのである。

中国の属国となれば、日本は再び陽の目を見ることはない

アメリカとの同盟維持が無理なら、中国に乗り換えるという選択肢がある。

この選択肢は「現実的」と見る向きもある。

「いまでさえ日本はアメリカの子分なのであり、純粋な独立国ではない。それでけっこう幸せだ。だから、親分が中国に変わるだけで、実態はいまとたいして変わらない。案外居心地がいいかもしれない」という楽観的な意見である。

ところが、私はそんな生易しいものではないと思っている。

仮に、中国が日本の親分となってしまえば、中国人にアレルギーが根強い天皇制は当然廃止になる。学校で使う歴史教科書などどうなってしまうのか、あまり想像したくない。いまでさえ散々なものになっているのに、さらに見たくもないものに仕上がるだろう。

これから二〇年もたつと、中国はいまよりも民主化が進んでいるという前提だが、アメリカや日本のいう民主化とはちょっと違う。中国本土と同じように、言論の自由は大幅に制限される。思想統制も強まるのは間違いない。

商社の人間などは、すでに中国との取引が活発化しているためか、親近感も持っていて、「別に中国の属国でもいいじゃないか」と言う。たしかに、ビジネス的にはメリットもある。中国にたくさん商品を買ってもらうことで日本経済も潤うだろう。

属国化といっても一応は独立国のままだから、アメリカやその他の国との関係を破棄するわけでもない。結局、いまとたいして変わらないかもしれない。

ただ、地政学でよく使われるバランス・オブ・パワーの理論から言うと、中国がナンバーワンでいるためにはナンバーツーである日本を常にたたかないといけないということになる。中国の属国でいる限り、常に発展を邪魔され、二度と世界のひのき舞台に立つことはできなくなることを意味している。

これまでも、日本が調子よくなるとアメリカにたたかれたような状況が、今度は中国からやられる。アメリカはそういう意味では人権意識も高いし、それほどひどいことはしないが、中国は強引な方法でおかまいなしにやってくる。日本に一度攻められて、国内を蹂躙された恨みも当然忘れていない。

第4章でも述べた中国の戦略が、今度はおおでを振ってできるだけにすぎないのである。

独立という、最後の選択肢

アメリカとの同盟関係の維持は先がない、中国による属国化はきわめて不幸な事態を招くとすると、残された道はこれしかない。独立である。

考えてみれば、日本独立の機会がやってきたのかもしれない。たしかに険しい道だが、世界の国々は、苦しくとも独立独歩で歩んでいるのである。しかも、もともと日本は明治時代まではちゃんと自立していた。簡単なことではないが、できないことはない。

もうアメリカのご機嫌取りをする必要はないのである。自国の権益を守るために、自国のためだけに考えて行動すればいい。

なんと言っても、日本は地の利に恵まれている。ヨーロッパにおけるイギリスのように、ちょうどよい広さの島国に国家を築いている。

イギリスもヨーロッパ各国に近からず、遠からずという絶妙の距離にあるという地の利を生かして、ランドパワーに対して工作を展開してきた。七つの海を支配した大英帝国の威光こそすでになくなっているものの、いまでも先進国の筆頭であり、EUの中にあっても自国通貨を維持するなど独自の道を貫いている。

日本にもイギリスの例が当てはまる。四方を海に守られながらも、アジアの主要都市に対して、空路であればほぼ二～三時間圏内にある。海路でも二、三日あればアクセスできる。文化や民族的にも近く、現地に溶け込んで工作活動するのもやりやすい。

そんな地理上の優位性に加えて、世界に冠たるテクノロジー、豊富な金融資産、勤勉で誠実な国民性、どれをとってもアジア随一である。これだけの使える手があれば、怖いものはない。あと必要なのは戦略を持つことだけである。

戦略も簡単、ないなら持てばいい。地政学は一つの体系的な知識であるから、戦略を持とうと思えば簡単に持つことができる。いまからでも遅くない。地政学そのほかの戦略理論を研究し、どうやって独立を保つのかを皆で考えるときがきたと言える。

かつて日本が「大日本帝国」と称していたときは、日本本土はもちろん、樺太の南半分、朝鮮半島、遼東半島、台湾を直轄地に、北マリアナ諸島、パラオ、マーシャル諸島、ミクロネシア連邦に広がる広大な南洋諸島を国際連盟によって委任統治していた。日本もそれだけの力を持っていたし、大胆な戦略を展開していたのである。

これまでアメリカの庇護のもとにぬくぬくと育ってきた日本人にとって、独立するのは非常に怖いことではあるが、意外にうまくいくかもしれない。

世界の国々は、そんな御大層な思想で動いているわけでもない。アメリカ人や中国人にできて、日本人にできないことはない。

独立を目指すための最大の課題は政治力

日本にとって唯一の課題は政治力である。

二〇〇九年五月にＩＭＤ（経営開発国際研究所）が発表した「二〇〇九年世界競争力年鑑」では、五七カ国中、日本の総合順位は一七位なものの、「政府の効率性」は四〇位で、毎年低下の一途をたどっている。

とにかく日本は、能力のないリーダーが歴代の政府を牛耳ってきた。ただしこれは、そもそも日本には政治力が必要とされていなかったために、その力が育たなかったという面がある。

コントロールする側から見ると、政権は暗愚であればあるほどいい。いままで日本はアメリカの方針につき従っていればよかったので、国内情勢さえしっかりしていればあとはどうでもよかった。コントロールしているのはアメリカだから、誰が首相になったとしても結果は同じ。だから、政治力があるかどうかにかかわらず、結果的に、国内での政官財のネットワークを持っていて、政界遊泳術を心得た人物が政界を牛耳る結果になったというだけにすぎない。

アメリカのコントロールが弱まれば、自然と日本人自身による国づくりをしようとする気運が高まる。

日本人は、普段はおっとりのんびりしていて危機管理能力も低いが、危機に陥ったときの集中力はしっかりと備わっている。たとえば、明治維新も、その直前まで太平の世を謳歌していたのに、黒船の来航によって国づくりの機運が一気に盛り上がり、在野から多くの人材が生まれた。

当時の幕府には人材が少なく、突然訪れた国難は乗り切れなかったが、「これだけの人材がどこに埋まっていたのだ」と思うくらい、綺羅星《きらぼし》のごとく時代の寵児《ちょうじ》が新しく登場したのである。

大久保利通《としみち》、桂小五郎（木戸孝允《たかよし》）、西郷隆盛ら、明治維新の三英傑と呼ばれた人材は、いずれも江戸時代は下級藩士であり無名な存在だった。それが幕末の国難に直面したとき、その能力を見いだされて表舞台に登場し、新しい国づくりが行われたのである。

独立を本気で考え、困難にも立ち向かっていける気概の高いリーダーが、いまの日本にとってなくてはならないのである。

外交戦略で必要なのは「余裕」と「ずる賢さ」

もし日本が独立したら、日本人自身の力で世界と渡り合っていかなければならない。かなり大変そうであるが、国際政治というものは、実際にはそれほど御大層なものではなく、意外に中身はたいしたことはない。

中国などでも、尖閣諸島の領有権を突然主張したりするわけだが、彼らの胸の内を聞いていると、どうやら「吹っかけてみて、日本が引いてくれたらラッキー」といった程度の動機で、意外に深く考えずにやっているにすぎない。

いい加減でいいということではないが、それくらいの柔軟なスタンスで外交に挑むと、交渉ごともかえってやりやすくなる。

たとえば、北方領土問題でも、二島先行返還でもいいからロシアと交渉してみる。二〇〇九年四月、ロシアのプーチン首相の来日前に、前外務省事務次官の谷内正太郎政府代表が、「個人的には三・五島返還でもいいのではないかと考えている」という発言をして問題になったが、国家として四島返還を果たすための戦略として、三・五島でいいという考え方にのっとっていれば、それはそれで立派な戦術なのである。

そのときに、「残り〇・五島は返さなくてもいい」と言わなければいいだけの話である。「個人的には」というところが外交上の失敗と言えるが、実際、領土交渉というのはそれくらい鷹揚《おうよう》に構えたほうがいい。

中国とイギリスの間で香港返還が行われたのは一九九七年。最初に香港島が割譲されたのはアヘン戦争のときの一八四二年だから、実に一五〇年かけて、中国はイギリスから領土を取り返したのである。

これに比べて、北方四島が不法に占拠されたのは六五年前だから、まだまだじっくり交渉すればいい。その過程で、二島だけでも先に帰ってくればしめたものである。そもそもロシアが「返還する用意がある」と言ったということは、北方四島を簒奪したことをロシアが認めたことでもあり、普通であれば交渉がしやすくなるはずなのである。

日本が「返還しなくていい」と言わない限り、日本は領土問題というカードを持つことになる。つまり、外交政策の幅もそれだけ広がるということなのである。

政治家が功を焦って自分の代で成果がほしいという変な欲を出すからおかしなことになる。すぐに返してもらえなくても、「孫の代になるころまでに返してもらえればそれでOK」というぐらいの余裕のあるスタンス。日本に欲しいのはこういうずる賢さだ。

どうせロシアだってのらりくらりやっているのだから、それに律義につき合う必要はない。化かし合いをすればいいのである。

竹島、尖閣諸島、沖ノ鳥島など、領土問題はどれもそういう調子で取り組めばいい。ずっと、中国や韓国にやられていたことを、今度はそれをそっくり真似てやればいいだけの話だ。

日本人も独立を目指すならリアリストにならなければならない。〝悪の論理〟を知ったいま、外交戦略における「余裕」と「ずる賢さ」を兼ね備えることは、道徳的な日本人の考え方を一八〇度変えることなのである。

独立するならインド、北欧と同盟せよ

日本が独立するなら、絶対にやらなければいけないのは、地政学の鉄則である、ランドパワーを結託させないための関与政策である。

そのためには、ハートランドに食い込んでいるどこか一国と同盟関係を結ぶ必要が

ある。戦前にやったのが満州の統治政策である。中国との間にバッファとして、日本がコントロールできる独立国を建国したわけだ。いまの時代にこの手は使えないので、適当な同盟国を探すのが賢明な策となる。

　同盟国には、敵の敵という相手が適している。中国に敵対しているという意味ではチベット、モンゴル、ウイグルがあるが、ここは日本からの通り道がふさがれているので戦略的に難しい。独立派を密かに支援するなどして、中国政府を困らせるという意味では使いようがあるが、同盟相手としてはいささか小粒すぎる。

　都合がいいのは、海で行き来できる沿海部にある国で、それなりの国力があるところとなる。インド、ミャンマー、ベトナムといったところが有力候補になるだろう。

　その中で、日本はインドと比較的に良好な関係を築いている。

　いまはまだ政治的にも経済的にも発展途上だが、文化レベルはきわめて高く、懐の深い国である。人口は中国についで多く、マンパワーはほかのアジア諸国に比べて桁外れ。中国に対抗しうる潜在力を持っている国としてうってつけである。インドの発展を支援することで日本にとって心強いパートナーとして育てる選択は十分ある。

　また、北極海の北東航路が開通したことで、ヨーロッパ、とくに北欧諸国とのアクセスが近くなった。この地域は、自動車産業などが盛んなスウェーデン、教育水準が高いことで知られるデンマーク、（ロシア、サウジアラビアに次ぐ）世界第三位の原油輸出国であるノルウェー、ハイテク産業で成功を遂げているフィンランドなど、小さいがきらりと光る国がそろっている。

汚職がほとんどないと言われる非常に洗練された政治制度と国民性、高い文化レベル、厚い福祉政策など、これから独立独歩の道を歩む日本にとって、よいお手本になりそうな国がたくさんある。

さらに、もう一つ日本にとって好材料になりそうなのが、中国の分裂である。もともと中国は多民族国家であり、民主化が進めば民族運動が活発になるだろう。国家が分断されるところまでいくかどうかはわからないが、ゆるい連邦制、共和制に移行し、地域的な独立性が高まる可能性が非常に高い。

そうなったときに、上海など沿海部の都市と同盟関係を結ぶことは有力な選択肢となる。上海は経済的に発展していて日本とも距離的に近い。そして、大戦時に戦場になっていないこともあり、比較的に対日感情がいいとされている。

また、忘れてならないのは台湾である。ここはかつて日本領だった。中国が台湾を併合してしまう前に、同盟関係を結んでしまう。少なくとも、日本と台湾が同盟交渉をしているだけで、中国にとっては気が気ではない（もちろん日本政府の弱腰体制を打破できればの話であるが）。

仮に、台湾と同盟を結ぶことに成功すれば、東シナ海の内海化という構想まで描けるかもしれない。そう考えると、何やら戦前の日本がやっていた大東亜共栄圏の構想に似てくる。やはり、戦前の軍部の戦略は、地政学をベースとしたものなのである。

そこで示唆的なのは、第二次大戦での日本の失敗である。シーパワーがハートランドに深く入り込んではいけないという鉄則を無視して、関東軍は中国大陸に深く入りすぎた。満州国を建国したままでは大成功だったが、調子に乗った関東軍はさらに奥深くにまで手を出してしまった。

「中原《ちゅうげん》に鹿を追う」とは中国のことわざで、中原（中国大陸の中央に位置する許昌《きょしょう》、洛陽《らくよう》、長安あたりの平原）を制圧したものが中国大陸を支配できるという意味だが、それはランドパワーの国だからできることであって、シーパワーの日本が目指してはいけなかった。今度こそ、この轍《てつ》を踏んではならない。

核廃絶はアメリカではなく日本がリードせよ

日本が独立したときに、最大の懸案となりそうな核武装問題がある。しかし、私自身は日本に核兵器はいらないと考えている。なぜなら、日本は諸外国に一年以内で核武装をできるほどの高度な技術を持っていると恐れられているのであり、これはいわば「寸止め核武装」とでも呼べるような状態が実現しているからである。

また、核がなくても日本の安全保障は保てるとみていい。

日本を取り巻く国で、核を保有しているのは、アメリカ、ロシア、中国、そして、おそらく北朝鮮も持っている。

しかし、もともと核兵器とは、戦争では実際に使えない兵器である。政治的に成熟している国は、それを使えばどんなことになるかよくわかっているので、アメリカはもちろん、ロシアも中国も核兵器を実際に使う可能性はないに等しい。

そういう意味で、唯一使う可能性がありそうなのが北朝鮮であるが、仮に北朝鮮が核兵器を持っていても、本当に使える状態にあるかは疑問である。

核兵器は、研究や製造に莫大な費用がかかるうえに、核弾頭そのものに加えて、ミサイルや発射基地などまで含め、実際に使用可能な状態に保つ維持費だけでも相当な金がかかる。

それゆえ、経済が破綻している北朝鮮には荷が重すぎる。たしかに、精製済みのプルトニウムは持っているだろうし、核弾頭もいくつか持っているだろう。しかし、いつでも使える状態で維持することは到底できない。西側諸国との交渉用に、たびたび実験を繰り返すなどのデモンストレーションをしているだけにすぎない。

仮に使うとすれば、第二次世界大戦時のアメリカと同じ方法、つまり飛行機などに積んで投下地点まで持っていくしかない。これならば、日本もある程度は防ぐことができるかもしれない。

このように、日本に対して核兵器が使われる可能性は限りなくゼロに近い。加えて、核兵器の戦略的な重要性はすでに大きく低下している。

二〇〇九年四月のオバマ大統領による核兵器廃絶の演説とその後の取り組みは、かつてほど、核が決定的な外交カードではなくなってきたということである。

アメリカやロシアが核削減を言い出したのは、お互いに戦略的な重要度が低下してきた核が重荷になっているからである。金もかかるし、テロの標的になるなどリスク面ばかり大きくなってきたので、できれば核を手放したい、もしくは大幅に削減したいというのが本音である。

第二に、核を持っているより、核兵器廃絶の音頭をとることのほうが、いまの時代はいろいろな意味でメリットが大きくなっている。

ライバル国とやり合う手段は、何も軍事力だけとは限らない。それは一つの選択肢にすぎない。しかも、軍事力を使った外交は、現代においては野蛮とみなされやすいし、失敗したときのリスクが大きすぎる。それよりも、思想や観念によってライバル国をやりこめる方法が現在ではより効果的になっている。

これも最近の国際政治で使われる戦略の一つで、世界の指針になるような提言、アイデア、思想を持つことで、国際的に相手より優位に立てるし、やりこめることもできるのだ。いわゆる「倫理戦」である。

たとえば、日本がやりこめられた捕鯨問題などは、アメリカが実際に使った「倫理戦」の一つの例である。

アメリカにとってみれば、捕鯨など実際にはどうでもいい。しかし、「クジラは高等な生物であり、捕獲して食べるなど野蛮だ」と言うと、世界の国々が「そうだ、アメリカの言うことが正しい。日本は捕鯨をやめろ」といっせいに非難した。誰もが表立って非難できないような「倫理・道徳」を持ち出して、世論を味方につけて相手を袋だたきにする。これが倫理戦の重要な部分である。

このために日本は、理不尽にも「高等なクジラを捕食する野蛮な国」というレッテルを張られてしまった。国際的な発言力も弱くなるし、日本には何の落ち度もないのに、アメリカに交渉カードを一つ握られてしまったのである。

このように、世界に発信できる思想を持っていることは、意外に大きなアドバンテージになる。そういう意味で「核廃絶」はまたとない絶好のカードとなる。

いまや核廃絶は世界的なテーマだが、現在、この話題をリードしているのはアメリカやイギリスなどの核保有国である。これに対して、自分の国は腐るほど核兵器を持っていながら、他国に対して「持つな」と言うのは了見が合わないとして、以前から国内でも否定的な意見が多かった。

現在、アメリカとロシアの間で核兵器の半減を言い始めているが、戦略的な意味が低下しているうえ、バカみたいに金がかかる核兵器は、実は、保有国にとってはやっかいな代物となってしまった。とはいえ、一度核を持ってしまった以上は手放すことは不可能。そういうジレンマの中にあって、実は核というのは保有国にとってはアキレス腱にさえなりつつある。

つまり、この問題に対しては、アメリカや中国、ロシアも弱い立場なのである。

ここで、核廃絶の世論を日本がリードすれば、きわめて大きな外交力を発揮できる。なんと言っても日本にはその資格がある。これは非常に重要なポイントとなる。核兵器を保有していないほかのどの国が核廃絶を言うより、世界で唯一被ばくを経験した日本が言うからこそ重みが増す。

日本がしっかりと戦略を立てて核廃絶を訴えれば、世界の世論はかならず乗ってくる。このテーマで日本は世界をリードできる可能性が非常に高い。これはアメリカや中国がもっとも恐れていることの一つである。

日本が真の独立を果たす日

最後になるが、日本が独立を果たすためには、アメリカとの同盟関係を解消するという決断が前提となる。アメリカが日本を捨てるといっても、コントロール下に置いている日本をそう簡単に手放すことはない。つまり、日本が自ら支配を脱しない限りアメリカと一緒に共倒れしてしまい、にっちもさっちもいかなくなったところで、中国に力で屈伏させられることになる。

かといって、いまはまだ圧倒的な存在感のあるアメリカからの独立などという選択がそう簡単にできるかと言うと、現実的には難しいだろう。ここはタイミングを慎重に見きわめるしかない。

ただし、このまま黙って待っていれば、結果的に独立の道を進んでいくことになる可能性も存在する。

アメリカの国力は相対的に低下していくので、いずれは蜜月関係も破綻する。そのころ中国がいまの状態のまま台頭し続ければ属国化の道をたどるが、民主化革命が起こって内戦の末に複数の独立国家に分裂する危険性は、中国共産党政府に常につきまとう。そうなれば、日本を属国化しようとする対象そのものがいなくなってしまう。

ソ連が崩壊して、その影響下にあった国々が次々に自由主義化したのと同じ展開である。結果的に、ロシアの連邦国家として残った地域もあったが、多くは完全に独立した。中国の分裂は、ゆるい連邦制でとどまる可能性もあるが、少なくとも現在、民族問題を抱えている地域は完全に独立する。日本はそこで工作し、さらに大きく中国が分断し、上海や香港などの地域も独立するように工作するべきである。仮に、ゆるやかな連邦にとどまらないで、いくつかの独立国家に分散してしまえば、日本にとっての脅威は著しく低下する。

そうなれば、日本は戦後はじめて、図らずも自由を手にすることになる。いままでアメリカのコントロール下にあったのが、フリーハンドとなれば独立の大チャンスが到来するのである。

さて、これまで「日本の独立」という選択肢について考えてきたが、そのとき私たちは、どのようなビジョンで国づくりを目指すだろうか。

私自身は、「世界の恒久平和を目指す」でもいいと考えている。日本の進んだテクノロジーを世界に普及させ、私たち自身が経済の興隆によって豊かで平和な社会を築いたように、世界の国々にその成功体験を普及するのである。

これまで日本の首相たちの掲げたビジョンは、思ったほど世論を引きつけなかった。いくら理にかなっていても、実現性が低く、聞こえがいいだけのビジョンは国民には響かない。国家の運営にはリーダーが大きな役割を果たすが、リーダーが一人でがんばっているだけでは何も変わらない。国民が望む、納得する指針を示し、「ここを目指していこう」とビジョンを掲げ、それに国民がしたがって進むことで、その巨大なマンパワーが国家を動かすのである。

地政学という〝悪の論理〟を日本人が再び知り得たいま、独立という新たな時代の幕開けは、そう遠くない未来にやってくるのかもしれない。

おわりに

ここで一つ、予言めいたことを書かせていただきたい。

私は、日本がこのままの状態でいけば、少なくとも十年以内に、二流、三流の地位まで確実に堕ちていくことになると本気で考えている。

私は何もこういうことを言って読者の皆さんを脅かそうと思っているわけではない。ただ現在の日本の状況を冷静に見れば、どう考えてもそういう結論しか出てこないのだ。

しかし、日本はそのまま堕ちっぱなしというわけではない。何年後になるかわからないが、日本はしぶとく復活するはずである。国家というのはいつまでも堕ちっぱなしということはなく、反省して自覚した国民が生まれ、それが国を復興することになるからである。

そのときに、決定的に必要となってくるのが「理想」である。

本書でも紹介した地政学の祖であるマッキンダーは、「人類を導くことができるのは、ただ理想の持つ魅力だけだ」と言っている。

しかし彼は、同時に現実を冷静に見る目を忘れてはならないことを鋭く警告している。それが地理と歴史を冷静に分析した、地政学という学問が与えてくれる視点なのである。

彼が一九一九年に発表した『デモクラシーの理想と現実』という本の題名は、このような理想と現実のバランスの大切さを訴えている。そして、私がとくに訴えたいのは、日本人が豊かに持っている「理想」（もしくは妄想？）よりも、「現実」を冷静に見る目のほうなのだ。

私が数年前から思っていることだが、世界はこれから「カオス化」していく。これはつまり、世界はこれからますます複雑化した先の見えない場になるということである。そして日本は、「カオス化」された状況の中で自立を目指さなければならないし、むしろ自立せざるを得ない状況に追い込まれることになるかもしれない。

そして、その中で世界に伍していくためには、日本人は何よりもまず、リアリズムの思考法を身につけなければならない。

つまり、私がこの本で訴えたいことはただ一つ、**日本人は〝悪の論理〟である「地**

政学」と「リアリズム」の思考法を身につけなければならない、ということである。

日本人は自分で責任を持って戦略を考えるという思考を捨ててしまい、安易に平和的な解決だけを求めるという体質が染みついてしまった。

たとえば、外交における戦略も「善か悪か」で判断するため、善を探そうとするあまり、次の一手がどうしても遅くなる。しかも、日本が「善かれ」と思って世界に主張したことは、まずもって善として見られていない。他国はリアリズムの視点で「日本が何を狙っているのか」と冷酷に見ているのだ。

だからこそ、わが国も外交戦略を「善悪」ではなく、「強弱」で見るように訓練しなければならない。「強弱」とは、現在わが国にとって、この政策は他国と比べて立場を強めてくれるのか弱めるものかという冷静な判断である。弱いのであれば、より強い政策を打ち出さなければならないし、強いものであれば、政策をより国益に近づけなければならない。

こうしたリアリズムの思考を身につけることは、むしろ「国際的なマナー」なのである。そして、そのことをよく教えてくれるのが、私が研究してきた「地政学」なのだ。

本書は、私にとって、二〇〇四年に出版させていただいた『地政学…アメリカの世界戦略地図』に続く自著となる。

前作では欧米における地政学研究の動向を紹介するだけで、自分の個人的な見解というものを極力入れずに書いたつもりだが、それから数年がたったいま、資料的なものよりも少し自分の意見を、というお話をいただき、思いきって本書を書かせていただいた。

ただし読みやすさを優先させたため、学問的な話は極力おさえて書いたつもりだが、本書の試みが成功したかどうかは読者の皆さんにご判断いただくしかない。さらに詳しい古典地政学の理論などについて興味のある方は、私の前著か、現在準備中で今年中に発表する予定の本を参照していただければ幸いである。

また、本書をお読みの方にお断りしておかなければならないことがある。それは、私は単に「中国が嫌い」という、いわば単純な「反中的」な立場でこの本を書いているわけではないということだ。

私が地政学を研究する目的は「日本のため」であると同時に、究極的には「第三次世界大戦の勃発の防止」のためである。よって、日本の国益を守り、独立への体制を固めることが、逆に中国を含む東アジア全域のためになると私は考えている。

つまり、短期的に反中的に見える私の態度というのは、長期的には彼ら（中国人民および北京政府）のためでもある。戸締まり（国防）をしっかりすることは、何も自分の家を守るという利己的な面だけでなく、泥棒となる可能性のある人間に無用な犯罪をおかさせないようにするという他利的な意味もあるのだ。

とにかく日本という国は、尻に火がついたとき異様なほどの力を発揮する。それはこの国の歴史が証明している。そして、いまがそのときなのかもしれない。すべては、私たち自身がいかにビジョンを持ち、戦略を持って、自らの人生に向き合うかにかかっている。

ここでふたたびマッキンダーの言葉を引用して締めくくりたい。

「われわれはすべからく、自分自身を回復すべきである。さもないと、いつの間にか世界地理の単なる奴隷になって、唯物的な組織者の搾取の手にかかってしまうだけだからだ」

最後に、この場を借りて簡単にお礼を述べさせていただきたい。

地政学という視点で日本を見たらどうなるかという企画に快く賛同して出版を引き受けてくださった岩崎旭社長、構成の段階から最後まで原稿に向き合っていただいた編集の稲川智士さん、私をいつも陰で励まし続けてくれた和田憲治さん、浅野健太郎さん、森貴永さん、岸浩太郎さん、本田秀昭さん、伊藤厚さん、いつもお世話になっている私のブログの読者の方々、そして私を常に支えてきてくれた家族に記して感謝したい。

二〇一〇年二月

奥山真司

〈著者プロフィール〉

奥山真司（おくやま・まさし）

1972年横浜市生まれ。地政学者。

カナダ・ブリティッシュ・コロンビア大学（BA）卒業後、英国レディング大学で修士号（MA）を取得。現在、同大学院戦略学科博士課程在籍中。日本にほとんどいないとされる地政学者の旗手として期待されている。ブログ「地政学を英国で学ぶ」は、国内外を問わず多くの専門家からも注目され、最新の国際戦略論を紹介している。

著書に『地政学――アメリカの世界戦略地図』（五月書房）、訳書に『大国政治の悲劇』（J・ミアシャイマー著）、『米国世界戦略の核心』（S・ウォルト著）、『進化する地政学』（C・グレイ、J・スローン編著。以上、五月書房）、『平和の地政学――アメリカ世界戦略の原点』（N・スパイクマン著）、『戦略論の原点』（J・C・ワイリー著）、『戦略の格言』（C・グレイ著。以上、芙蓉書房出版）がある。
◆ブログ「地政学を英国で学ぶ」：http://geopoli.exblog.jp/
◆Eメール：masa.the.man@gmail.com

“悪の論理”で世界は動く！

2010年2月27日　　初版発行

著　者　奥山 真司
発行者　岩崎 旭
発　行　株式会社李白社
〒162-0815　東京都新宿区筑土八幡町5-12　相川ビル 2F
電話　03-3513-8571　FAX　03-3513-8572
URL　http://www.rihakusha.co.jp
発　売　フォレスト出版株式会社
〒162-0824　東京都新宿区揚場町2-18　白宝ビル 5F
電話　03-5229-5750
URL　http://www.forestpub.co.jp

＊本書の内容に関するお問い合せは発行元の株式会社李白社へお願いいたします。
カバー印刷／半七写真印刷工業株式会社
印刷・製本／株式会社廣済堂
〈カバーデザイン〉常松 靖史［TUNE］

ISBN978-4-89451-917-6 Printed in Japan
乱丁・落丁本はお取り替えいたします。